Norbert Groeben

Beziehungs-Utopien

Norbert Groeben

Beziehungs-Utopien

Verteidigung der Erotik
als Ideal emotionaler Liebesvielfalt

Die Deutsche Nationalbibliothek verzeichnet diese Publikation
in der Deutschen Nationalbibliografie; detaillierte bibliografische
Daten sind im Internet über www.dnb.de abrufbar.

wbg Academic ist ein Imprint der wbg
© 2023 by wbg (Wissenschaftliche Buchgesellschaft), Darmstadt
Die Herausgabe des Werkes wurde durch die
Vereinsmitglieder der wbg ermöglicht.
Umschlagsabbildung: © Norbert Groeben
Satz und eBook: Satzweiss.com Print, Web, Software GmbH
Gedruckt auf säurefreiem und
alterungsbeständigem Papier
Printed in Germany

Besuchen Sie uns im Internet: www.wbg-wissenverbindet.de

ISBN 978-3-534-40796-5

Elektronisch ist folgende Ausgabe erhältlich:
eBook (PDF): 978-3-534-40797-2

Inhalt

*Überblick: Von der überholten Monogamie-Ideologie
zur einholbaren Erotik-Utopie* 7

I. Biographien *Sinnlichkeit und ...* 13
   George Sand (1804–1876) *und Fréderic Chopin und ...* 14
   Carola Neher (1900–1942) *und Klabund* 21
   Anais Nin (1903–1977) *und Henry Miller und ...* 29
   Jean Cocteau (1889–1963) *und Jean Marais* 39

II. Argumente 47
    Rahmen: Ehe/Beziehung – Zentrum: Liebe/Erotik 47
    Vorbemerkung: Struktur der Argumentation 48
    Ehe 50
    Beziehung 60
    Liebe 70
    Erotik 80
    Nachbemerkung: Struktur der Buchkonzeption 89

III. Biographien *... und Compathie* 91
     Virginia Woolf (1882–1941) *und Vita Sackville-West* 92
     Claire Goll (1890–1977) *und Yvan Goll* 100
     Lotte Lenj/ya (1898–1981) *und Kurt Weill* 107
     Anne Philipe (1917–1990) *und Gérard Philipe* 116

*Ausblick: Erotische Beziehungsvielfalt als praktische Schritte
im Projekt der Moderne* 125

Literatur – Argumente 130
Literatur – Biographien 130

Überblick

Von der überholten Monogamie-Ideologie zur einholbaren Erotik-Utopie

Spätestens seit der zweiten Hälfte des 20. Jahrhunderts rechtfertigen die erheblichen Scheidungsraten den Verdacht, dass irgendetwas mit der Institution der Ehe als Standardmodell eines lebenslangen Beziehungsglücks nicht stimmt. Die diesbezüglichen soziologischen und psychologischen Analysen haben in großer Übereinstimmung und Stringenz herausgearbeitet, dass es sich bei diesem Modell um einen Komplex von unrealistischen Versprechungen wie Anforderungen handelt. Das Versprechen, dass mit der Ehe lebenslange Sicherheit garantiert ist, impliziert als Voraussetzung den Anspruch, dass alle Bedürfnisse eines Menschen von einem einzigen anderen erfüllt werden können, seien es wirtschaftliche, intellektuelle, emotionale oder sexuelle. Dieser realitätsferne Anspruch kommt durch das unrealistische Axiom des Monogamie-Modells zustande, dass man nur *einen* (anderen) Menschen lieben kann – wobei vor allem die Dimension der sexuellen Treue im Mittelpunkt steht. Als eigentliche Motivation dieser Ausschließlichkeitsthese ist immer wieder kritisch das Besitzstreben herausgearbeitet worden, das in unserer Gesellschaft nicht nur gegenüber Dingen, sondern auch gegenüber Personen eingenommen wird. Eine Haltung, die gegenüber Personen weder zu rechtfertigen noch auch empirisch haltbar ist.

Aufgrund der Individualität jeder Person wird in allen möglichen anderen Bereichen akzeptiert, dass es unterschiedliche Interessen und Beziehungen gibt: von Hobbies über Politik, Sport, Kunstpräferenzen etc. bis zu sozialem Engagement. Auch wird niemand Kindern verbieten wollen, dass sie Vater *und* Mutter lieben; Freundschaften sind sogar in der Regel durch mehrere personale Bezüge gekennzeichnet. Die monogame Ausschließlichkeitsbehauptung im Bereich der Sexualität erweist sich bei kritischer Analyse also als eine unrealistische Norm, die lediglich eine destruktive, besitzorientierte zwischenmenschliche Haltung rechtfertigen soll. Diese Rechtfertigung wird durch das genauso unrealistische Versprechen einer lebenslangen romantischen Liebe als Gewinn der monogamen Beziehungskonzeption komplettiert. Das ist aber letztlich nur der untaugliche Versuch, eine überkommene patriarchalische Beziehungsstruktur in die heutige Zeit von (zumindest angestrebter) Gleichberechtigung und gesellschaftlicher Durchlässigkeit hinüberzuretten. Eine Beziehungsstruktur, die im Rahmen einer statischen Gesellschaftsschichtung dem Mann die Rolle des zentralen Ernährers und der Frau die Rolle als treusorgende Ehefrau und Mutter zuschreibt. Das monogame Ehe-Modell weist daher an zentralen Stellen die Charakteristika einer überholten Ideologie auf: indem Normen als Tatsachen ausgegeben und überwundene Gesellschaftszustände konserviert werden (sollen).

Von dieser eindeutigen Diagnose aus gibt es seit mehr als einem halben Jahrhundert engagierte Bemühungen zur Entwicklung alternativer Beziehungskonzepte, die nicht schon institutionell eine Dynamik des Scheiterns in sich tragen. Im Folgenden will ich die vorliegenden Ansätze anhand der Besprechung von konzeptuellen Meilensteinen der Literatur in eine psychologische Reihenfolge bringen, an deren Ende die anthropologische Utopie eines lebbaren Liebens- und Lebensglücks steht. Dabei zeigt sich im ersten Schritt, dass die Suche nach einer gleichberechtigten Form von Partnerschaft innerhalb der (klassischen) Ehe-Institution nicht erfolgreich ist; denn es werden entweder körperliche oder geistige Dimensionen abgeschnitten, um die unproblematisierte Ausschließlichkeitsnorm aufrecht zu erhalten. Erst wenn diese unrealistische Anforderung zusammen mit der resultierenden Überwertigkeit der Sexualitätsdimension als die beiden zentralen destruktiven Elemente der Ehe-Institution aufgegeben werden, ist eine anthropologisch adäquate Beziehungsstruktur erreichbar. Das heißt, es sind fließende Übergänge zwischen allen möglichen Formen und Intensitäten von Beziehungen zu akzeptieren. Es ist die je individuell-dyadische Entwicklung, durch die Tiefe und Bedeutung einer Beziehung bestimmt werden; Tiefe und Bedeutung sind nicht durch Ge- oder Verbote erzwingbar. Dem Alles-oder-Nichts-Prinzip der Ehe-Institution ist daher ein graduelles Liebes-Konzept als realistische Alternative entgegenzusetzen. Graduelle Abstufungen in Bezug nicht nur auf die Anzahl von emotionalen Bezugspersonen, sondern vor allem auch hinsichtlich der Intensität und Breite des psycho-physischen Engagements. Solche graduellen Abstufungen sind in allen möglichen anderen Bereichen, auch bei Liebes-Beziehungen, völlig akzeptiert, man denke etwa an Nächstenliebe oder Verwandtschaftsbeziehungen;

nur in der Ehe sollen sie auf einmal ausgeschlossen sein. Es liegt hier eine (mutwillige, ideologische) Verwechslung von Individualität und Ausschließlichkeit vor. Selbstverständlich sind alle (auch gerade Liebes-)Beziehungen zwischen (gerade auch gleichberechtigten) Individuen einzigartig; aber Einzigartigkeit impliziert nicht Ausschließlichkeit. Der Mensch ist zu mehreren einzigartigen Beziehungen fähig, wobei es unvermeidbar auch graduelle Abstufungen der Einzigartigkeit geben wird; das ist durchaus im graduellen Liebes-Konzept impliziert.

Und graduelle Einzigartigkeit enthält nicht zuletzt die Möglichkeit, dass es in den jeweiligen individuellen Beziehungen unterschiedliche Schwerpunktsetzungen geben kann. Allerdings darf das nicht dazu führen, einem reduktionistischen Körper-Geist-Dualismus anheim zu fallen. Die Überwertigkeit des Sexuellen im traditionellen monogamen Treue-Konzept ist nicht dadurch konstruktiv zu überwinden, dass man das Körperliche aus dem Liebes-Konzept verbannt und sich nur noch auf geistige Seelenverwandtschaft zurückzieht. Es stimmt: Die Überwertigkeit des Sexuellen wirkt in der gängigen Beziehungsideologie als eine Art Leistungsnorm, die in erster Linie zu einem Profit von Ratgeberliteratur und Therapieberufen führt. Man würde aber das Kind mit dem Bade ausschütten, wenn man als Konsequenz die Bedeutung des Körperlichen, des Sinnlichen übermäßig vernachlässigen würde. Stattdessen geht es um die konstruktive Verbindung von Sinnlichkeit und Geistigkeit. Diese Verbindung wird in der Erotik realisiert: als der Verbindung des Sexuellen mit Imagination, Sprache und Empathie. Die menschliche Sexualität hat sich im Laufe der Evolution aus dem Zwang des Instinktes befreit – und die Erotik vollendet diese Befreiung, indem sie das Sexuelle mit dem Ästhetischen verbindet und auf eine kulturelle Ebene hebt. Erotik bedeutet den Dreiklang von Sinnlichkeit, Seelenverwandtschaft und Empathie, von Leidenschaft, Übereinstimmung und Selbstlosigkeit. In diesem Dreiklang verwirklicht sich die anthropologisch vollständige Liebesfähigkeit des Menschen.

Die realistische Akzeptanz von graduellen Realisierungen dieser Fähigkeit impliziert nun auch die mögliche Beziehungsvielfalt in mehrfacher Hinsicht. Zunächst einmal muss in der je individuellen Beziehung das Schwergewicht nicht gleichmäßig auf alle drei Dimensionen verteilt sein; es ist sogar zu erwarten, dass sich die Gewichte in der ontogenetischen Entwicklung einer Beziehung verschieben, zum Beispiel von der sinnlichen Leidenschaft des Beginns auf mehr Seelenverwandtschaft und Fürsorge im Laufe der Zeit. Vor allem aber ist neben dieser intraindividuellen Perspektive auch eine Vielfalt in interindividueller Hinsicht anzusetzen! Beziehungen können in Bezug auf die drei Dimensionen unterschiedlich umfassend, unterschiedlich intensiv und unterschiedlich tiefgehend sein. Und diese Unterschiedlichkeit kann sich auf verschiedene Personen beziehen, ohne dass damit die Struktur der einen Beziehung die einer anderen ausschließen muss. Die jeweilige Gewichtung der Liebe(n)s-Dimensionen ist eine individuell-private, ohne dass damit andere Gewichtungen und damit andere Privatheit ausgeschlossen wird. Das ist die kulturelle Leistung der Erotik, dass sie Einzigartigkeit als Ausschließlichkeit im Sinne von Privatheit ohne Ausschließlichkeit im Sinne von Beziehungsverboten schenkt!

Das führt unweigerlich zum Gegenargument mit der Frage: Aber was ist, wenn sich die Gewichtungen innerhalb und zwischen der Vielfalt von Beziehungen verschieben? Wenn eine vormals zentrale Beziehung durch eine andere, die sich noch zentraler entwickelt, sozusagen ‚überholt' wird? Die Antwort ist: Ja, das ist möglich – und deshalb ist ja auch das lebenslange Liebesversprechen des Monogamie-Modells unrealistisch. Das Einzige, was man realistisch versprechen kann, ist ein unaufhörliches Bemühen um die je individuelle Beziehung. Darin liegt zugleich der größte Fortschritt des Modells einer (erotischen) Beziehungsvielfalt gegenüber dem unerfüllbaren Monogamie-Modell. Während letzteres die lebenslange Sicherheit durch die Institution vorgaukelt und sie dadurch zumeist verspielt, enthält das Modell der Beziehungsvielfalt konstitutiv die Anforderung, sich um die Entwicklung der Beziehung unaufhörlich zu bemühen, an ihr zu arbeiten. Es wäre allerdings ein technizistisches Missverständnis, dieses Bemühen als eine Anwendung von (aus der Ratgeberliteratur entnommenen) Taktiken oder Strategien der ‚Beziehungspflege' zu verstehen. Es geht vielmehr darum, konstruktive Rahmenbedingungen für die Lebendigkeit und Vertiefung der je einzigartigen Beziehung zu schaffen.

Denn wie bei Glück generell ist auch Liebesglück nicht direkt intendierbar, nicht direkt realisierbar. Man kann nur Rahmenbedingungen herstellen, durch die sich Beziehungsumfang und -tiefe nicht reduzieren, sondern vergrößern. Dazu gehört ganz eindeutig die Bereitschaft zur Gleichberechtigung in der Beziehung; und das bedeutet, dem anderen auch eigene Räume von Privatheit und Eigenständigkeit zuzugestehen – letztlich einschließlich anderer privater Beziehungen. Das schränkt das Bemühen um die je eigene Beziehungsentwicklung nicht ein, im Gegenteil. Im Optimalfall steigt das Bewusstsein für die Individualität und Einzigartigkeit der jeweiligen Beziehung, die es auch sprachlich festzuhalten und permanent zu vertiefen gilt. Das geschieht nicht zuletzt durch privatsprachliche Erotik, d. h. ein (metaphorisches) Sprechen in Bildern, in denen sich die gemeinsame Beziehungsgeschichte kristallisiert. Darin kann die ganze Breite einer anthropologisch umfassenden Liebesbeziehung zum Ausdruck kommen. Mit Octavio Oz lässt sich diese Breite als die Verbindung der beiden Pole Leidenschaft (Compassion) und Fürsorge (Empathie) im Kunstwort ‚Compathie' zusammenfassen. Erotik besteht dann sowohl aus sinnlich-metaphorischer (Privat-)Sprache wie compathie-realisierendem Handeln. Das unablässige Bemühen um eine in diesem Sinn erotische Beziehungsstruktur bietet die realistisch-größtmögliche Sicherheit für die Dauer von (Liebes-)Beziehungen innerhalb der unaufhebbaren Unsicherheit von L(i)ebens-Glück.

Damit ist nicht ausgeschlossen, dass es u. U. durchaus zu einer lebenslangen (Liebes-)Beziehung nur zu einem anderen Menschen kommt – aber eben als Ergebnis dieses Bemühens, nicht als Norm eines unrealistischen Beziehungsmodells. Eine quasi symbiotische Beziehung zwischen zwei Menschen bleibt auch innerhalb der Konzeption von (erotischer) Beziehungsvielfalt als Möglichkeit erhalten: als Sonderfall, aber nicht als Blaupause, von der aus alle anderen Beziehungsmöglichkeiten als defizitär ausgeschlossen werden. Auch hier wieder: Einzigartigkeit, aber nicht im Sinne einer Ausschließungsnorm!

Die erotische Beziehungsstruktur stellt damit auch eine Art von Interaktionskunst dar, eine Kultur von personbezogener Alltagskunst als Sprach und Aktionskunst in der Alltagskommunikation. Eine derartige Kultivierung von (Liebes-)Beziehungen ist vom Konzeptuellen her sicherlich ausgesprochen attraktiv; zugleich ist ihre Realisierung innerhalb einer Gesellschaft, deren Sozialisation immer noch überwiegend auf die Monogamie-Ideologie ausgerichtet ist, keineswegs einfach. Es bedarf dazu nicht nur der (kognitiven) Einsicht, sondern auch der (emotionalen) Faszination. Deshalb ist im Folgenden die konzeptuelle Argumentation in biographische Beispiele von (Liebes-)Paaren eingebettet, die diese emotionale Faszination ausstrahlen (sollen). Dabei stehen im ersten Biographie-Teil (vor der konzeptuellen Argumentation) vor allem Sinnlichkeit und Leidenschaft im Vordergrund, im zweiten dann (nach dem Argumente-Teil) insbesondere Compathie und Fürsorge.

I.
Biographien
Sinnlichkeit und …

George Sand
(1804–1876)
und Fréderic Chopin und ...

Flaubert muss ihre sozialkritischen Artikel im *Temps* gründlich missverstanden haben! Oder wieso käme er sonst dazu, ihr vorzuwerfen, dass sie zu wenig hasse? Dass sie die Welt in goldener Farbe sehe, während doch überall eine durchdringende Finsternis herrsche! Es drängt sie, ihm umgehend, unmittelbar zu antworten, wie Unrecht er hat. Aber nicht nur persönlich, sondern öffentlich, die Frage ist zu grundsätzlich, um im lediglich privaten Austausch unterzugehen. Allerdings muss sie dann auch bedenken, welches Bild ihr in der Öffentlichkeit trotz ihrer mittlerweile 67 Lebensjahre anhaftet. Das Bild einer endlosen Reihe von gescheiterten Liebesbeziehungen, außerhalb aller Konventionen oder sogar im Protest dagegen, sodass sie den einen als Femme fatale, den anderen als Kommunistin gilt. Also braucht es eine Art Gewissenserforschung, damit ihre Antwort auch für sie selbst unangreifbar wird.

Ja, sie hat gegen die Ehe polemisiert, aber mit dem größten denkbaren Recht! Denn die Institution der Ehe verfestigt, gestützt auf das Zivilgesetz, die Abhängigkeit, Minderwertigkeit und soziale Nichtigkeit der Frau. Jahrelang hat sie darüber nachgedacht und ist zu der festen Überzeugung gekommen, dass ein vollkommenes, ideales Liebesglück unter der Bedingung der Ungleichheit und Abhängigkeit des einen Geschlechts vom anderen absolut unmöglich ist. Sei es durch das Gesetz oder die allgemein anerkannte Moral, sei es durch die öffentliche Meinung oder das Vorurteil, die Frau wird, sobald sie sich dem Mann hingibt, entweder versklavt oder vor dem Gesetz schuldig. Wenn sie sich von ihrem Ehemann trennen will, kann sie sich auf Inkompatibilität berufen, so viel sie will, sie wird dem Mann nicht schaden, dessen Namen sie trägt. Sie kann auf das ausschweifende Leben ihres Mannes, auf seine Wutausbrüche und auf Fälle von Ehebruch hinweisen, ohne sich damit aus ihrer eigenen, unglücklichen Lage befreien zu können, ohne ihn in den Augen der Gesellschaft unwiderruflich bloßzustellen! Der Frau selbst dagegen wird nur eine einzige Art von Ehrsamkeit zugebilligt: die sexuelle Treue. Sobald sie ihrem Mann untreu wird, ist sie gebrandmarkt, entehrt und in den Augen der Gesellschaft herabgesetzt. Zweifellos lässt sich die Gesellschaft nicht schnell umgestalten und wird, das ist ihr wohl bewusst, das kurze Erscheinen des einzelnen auf dieser Welt überdauern. Aber gerade deshalb erwartet sie das Glück der Liebe von einer Zukunft, an die sie entschlossen glaubt, eine Zukunft, in der auch die Frauen unter besseren Bedingungen zu einem menschenwürdigen Leben finden werden. Das heißt nicht, dass sie gegen die eheliche Liebe als solche ist, wie es die Saint-Simonisten mit ihrer Vorstellung der ‚freien Liebe' behaupten. Nein, sie ist lediglich gegen die bürgerliche Form der Ehe, die dem Mann erlaubt, die tierische Seite seiner Sexualität auszuleben. Wie viele Frauen sind in der Brautnacht schon roh behandelt worden! Die Männer wissen kaum, dass dieses ihr Vergnügen für die Frau eine Marter ist. Sie verstehen es nicht, ihre Lust zu zügeln und so lange zu warten, bis die Frau diese Lust zu erwidern imstande ist. Nichts ist abscheulicher als das Grauen, die Qual und der Ekel einer Jungfrau, die noch nichts weiß und sich von einem Rohling vergewaltigt sieht. Die Gesellschaft setzt alles daran, die Frauen zu Heiligen zu erziehen, und dann werden sie in der Ehe abgeliefert wie Stutenfüllen. Und wie oft markiert eine solche Brautnacht nur den Beginn eines fortgesetzten Leidens! Wie oft hat sie selbst den schlafenden Mann neben sich mit der Wollust der unaussprechlichen Sehnsucht betrachtet. Undeutliche Worte murmelnd, ist sie an seine Brust gesunken. Doch mit seinem Erwachen war es um ihr Glück geschehen. Anstelle eines Luftgeistes, der sie im Wind seiner Flügel wiegt, hat sie den Mann, den Mann in seiner Brutalität, gierig wie ein wildes Tier, vorgefunden und ist entsetzt geflohen …

Aber wenn und wann immer sie geflohen ist, dann nicht, weil sie die Sinnlichkeit als solche verabscheute oder vermeiden wollte. Im Gegenteil: Das, was sie von Anfang an gegen Chopins Ansichten ins Feld geführt hat, betrifft gerade die Bewertung des Geschlechtlichen. Er hat, nach Art der Frömmler, die menschlichen Begierden verachtet und schien zu fürchten, dass die Liebe durch starke Erregung beschmutzt würde. Doch diese Haltung, diese Art, die intimste Liebesvereinigung zu betrachten, hat sie immer abgestoßen. Wenn die letzte Umarmung nicht eine ebenso heilige und reine Sache ist wie alles andere, so liegt keinerlei Tugend darin, sich ihrer zu enthalten. Kann es denn jemals Liebe geben ohne einen einzigen Kuss und einen Kuss der Liebe ohne Wollust? Und hat sie nicht immer wieder genau solche Momente höchster Sinnenfreude erlebt? Angefangen bei Sandeau, mit dem sie zum ersten Mal das Gefühl dieser absoluten Freiheit genossen hat. In ihrem Zimmerchen, damals, war er bei ihr, in ihren Armen, glücklich, geschüttelt, umarmt, stöhnend, weinend, lachend, eine gemeinsame Raserei der Lust. Reifer noch, aber nicht weniger jung ihre Ekstase, mit der sie Bourges geliebt hat. Wie oft ist sie, wenn er in Chartre logierte, mitten in der Nacht zu Pferd die sechs Meilen zu ihm gepprescht, für ein paar glühende Liebesstunden. Im Morgengrauen zurück, aber nur um ihm gleich nach der Ankunft den nächsten liebestrunkenen Brief zu schreiben: wie mit der aufgehenden Sonne die Farbe in die Welt zurückkehrt. Das in Dunst gehüllte Grün erstrahlt am Morgen, als sei es erst in dieser Nacht entstanden. Die Nachtigallen singen aus voller Kehle. Der Himmel ist klar, die Luft ist mild, die Dürfte steigen auf. Voller Traurigkeit und Liebe ist sie auf ihn zugegangen, immer des Heute gewiss, nicht des Morgen, aufgegangen in ihm: in ihm! Aber dann, trotzdem noch umfassender, noch intensiver die Liebe als Wiedergeburt: mit Marie Duval. In der Frühe oder am Abend, im Theater oder in ihrem Bett, immer war da die Sehnsucht nach Umarmung, im Geiste wie im Körperlichen. Zugleich liegt in dieser Erfahrung allerdings, das wird ihr jetzt bewusst, vielleicht der Schlüssel für die Flüchtigkeit so vieler ihrer Beziehungen: dass es darum geht, Leidenschaft zu leben, ohne die Würde zu verlieren.

Das ist letztlich das beherrschende Thema von *Lélia*, dem Roman, in dem sie, wenn sie ehrlich ist, am meisten von sich offenbart hat. In die Figur der *Lélia* ist so viel von ihrer Selbsterkenntnis eingeflossen, dass sie in der zweiten Auflage einiges entschärfen musste, damit nicht jeder, der zu suchen verstand, in ihr lesen konnte wie in dem sprichwörtlichen offenen Buch. Aber es stimmt schon, wie für *Lélia* gilt auch für sie, dass ihr die sinnliche Bewegung nicht genügt; sie muss den Himmel haben – und sie hat ihn nicht. Wenn der Mann zittert und zurückschreckt vor der Liebe, die er sucht, scheint ihr, dass sie jünger und brennender ist als er; das ermutigt sie, weil sie das Gefühl hat, geben zu können. Wenn er aber kühn wird und mehr von ihr verlangt, als sie empfindet, dann verliert sie alle Hoffnung und hat Angst vor der Liebe, ja vor dem Leben überhaupt. Sie sucht nun einmal in der Liebe, auch und gerade in der zu einem Mann, die Liebe zu Gott und Himmel, wie in der Liebe zur Sonne und zum Meer. Doch der Mann lebt nicht für die gleichen Ideen. Er versteht sich auf andere Vergnügungen, auf andere Freuden, die er mit ihr teilen will. Aber ihre Träume sind wohl seit jeher so sublim gewesen, dass sie keinen materiellen Appetit mehr kennt. Irgendwann hat sich die Trennung von Körper und Geist vollzogen, ohne dass sie es zunächst bemerkt hat. Umso stärker hat sie die Ernüchterung getroffen. Der Mann weiß nicht, wo die Hingabe der Frau beginnt, noch wo sie endet. Er weiß nicht, dass es sinnlos ist, die Gaben eines liebenden Herzens mit egoistischer Selbstverständlichkeit anzunehmen. Sie gibt sich hin ohne Rückhalt, sie gibt mit Freude. Und dann hält sie erstaunt inne und verachtet den, der, obgleich er als der Stärkere und Mächtigere gilt, nur empfangen hat, ohne zu erröten. Selbstredend hat sie sich immer gewünscht, dass sich die reinen Genüsse des Geistes mit den fiebrigen des Körpers verbinden können. Doch warum scheint es, zumindest für sie, dass sie sich gegenseitig ausschließen? Weil sich das Auseinanderfallen von Geist und Körper nicht nur immer wieder wiederholt, sondern mit jedem Mal zu verstärken scheint. Je länger sie liebt, desto intensiver wird die fieberhalte Erregung ihrer Sinne, gerade weil ihr die körperliche Befriedigung versagt bleibt. Sie entwickelt diese seltsame, fast rasende Gier, die aber durch keine fleischliche Umarmung gestillt werden kann. Das Feuer in ihrer Brust wird von seinen Küssen nicht einmal gestreift. Sie nimmt den Geliebten mit übermenschlicher Kraft in die Arme, sinkt aber dann erschöpft und entmutigt an seiner Seite nieder, weil es keine Möglichkeit gibt, sich mit ihm in gemeinsamer Sehnsucht zu treffen. Das Feuer ihrer Seele ist eine wilde Raserei, die sich ihres Kopfes bemächtigt hat und sich ausschließlich darauf beschränkt. Ihr Blut ist eisig, ohnmächtig geworden durch die vergebliche Suche nach Erfüllung. Es ist nicht so, dass das Herz nichts von den Wünschen der Sinne weiß. Aber wenn sich beide einmal getrennt haben, bleiben es zwei verschiedene Dinge: die Liebe der Seele und die Liebe der Sinne. Die erstere kann sie teilen, für die andere scheint sie nicht gemacht, als könne sie nicht wirklich so empfinden. Physisch bleibt sie nur unverletzt, eins mit sich und dem Geliebten, wenn das Sinnliche nicht Unterwerfung verlangt oder androht: wie in der Mutter- oder Geschwisterliebe. Seelenverwandtschaft und Fürsorge umfassen auch das Körperliche, aber ohne die verwüstenden Schmerzen der Sinnen-Lust.

In der Rückschau sind das die glücklichsten, auch produktivsten Phasen ihres Lebens gewesen: wenn das Beschützen nicht von sinnlichen Begierden gestört oder gar erstickt worden ist. Wie in den acht Jahren mit Chopin, für den sie von Anfang an eine starke mütterliche Zuneigung gehegt hat. Getroffen haben sie sich im Gefühlsrausch seiner melancholisch empfindsamen Musik, darüber hinaus jedoch wegen seiner religiösen Skrupel höchstens in einigen Stunden keuscher Leidenschaft und süßer Poesie. Aber gerade seine Schüchternheit und Zurückhaltung haben sie gefesselt, haben ihn zu einem ihrer Kinder werden lassen, für deren Wohl und Wehe sie sich verantwortlich gefühlt hat. Ja, gerade auch für die Krankheit, die sie durch den Aufenthalt auf Mallorca zu lindern gedacht hat. Insbesondere das warme Klima hat vorher eine rasche und durchgreifende Besserung seines Hustens versprochen. Doch mit welchen unvorhersehbaren und ungerechten Widrigkeiten hat sie kämpfen müssen! Schon das Mieten eines möblierten Hauses hat sich als eine fast unüberwindliche Schwierigkeit erwiesen. Als sie endlich eines gefunden hatte, erwies sich sein Name – ‚Haus des Windes' – als eine zynische Form von Wahrheit, denn es hatte keine Fensterscheiben, sodass der Wind mit Macht durch alle Zimmer blies. Verbunden mit der beginnenden Regenzeit konnte von Wärme des Klimas nicht die geringste Rede sein, selbst der Versuch, Wärme mithilfe der vorhandenen Holzkohlebecken zu schaffen, endete im Fiasko eines völlig verqualmten Hauses. Feuchtigkeit oder Qualm, das war die sinnlose Entscheidung, die so oder so eine Verschlechterung von Chopins Husten nach sich zog. Nicht genug damit, zeigte sich die mallorcinische Bevölkerung auch noch als ein Rudel habgieriger, ungehobelter Blutsauger. Für jedes noch so unzureichende Obst oder Gemüse wurden horrende Summen verlangt, und die Gerüchteküche verbreitete die skandalöse Behauptung, der Kranke im ‚Haus des Windes' habe eine ansteckende Krankheit. Eine umgehende Kündigung war die Folge, und sie konnten sogar froh sein, in dem ehemaligen Kartäuserkloster von Valldemosa untergekommen zu sein. Doch die klamme Feuchtigkeit eines solch alten Mauerwerks konnte einem Dauer-Katarrh wie dem ihres kleinen Chopinet nicht guttun, sodass sie immer mehr Pflegedienste zu verrichten hatte. In dieser Zeit wurde er endgültig zu dem, wie sie ihn von Anfang an genannt und empfunden hatte: dem zweiten Sohn neben Maurice und der Tochter Solange. Aber während sich das Rheuma von Maurice schnell besserte, ließ sich der Husten Chopins durch ihre liebe- und aufopferungsvolle Pflege nur höchst langsam zurückdrängen. Was Wunder also, dass er als kreativer Künstler, der trotz aller Widrigkeiten in dieser Zeit die schönsten Nocturnes und Préludes komponiert hat, von dem Engel an Sanftmut und Güte, der er zu Beginn seiner Leiden auf Mallorca gewesen war, immer mehr zu einem nörgelnd-unleidlichen Kranken wurde. Sie will sich gar nicht an all die unüberwindlich scheinenden Probleme und Hindernisse erinnern, die sie zu bewältigen hatte, bis sie ihre Familie wieder sicher nach Frankreich gebracht hatte. All diese Anstrengungen hat sie nicht nur klaglos auf sich genommen, sondern es sind ihr – wie immer, wenn jemand ihre Fürsorge brauchte – ungeahnte Kräfte zugewachsen! So eben auch und in besonderem Maße in diesen acht Jahren mit Chopin. Schließlich hat sie in dieser Zeit sogar ihr literarisches Hauptwerk, an dem sie selbst am meisten hängt, ihre *Consuelo,* geschaffen; und daneben auch noch die sozialkritischen Romane, die womöglich sogar noch eine größere Wirkung entfalten können und werden. Und wenn es nach ihr gegangen wäre, hätten sie dieses geschwisterlich-fürsorgliche Idyll auch in Nohant und Paris ohne Ende fortgesetzt, wäre da nicht Chopins Verrat an ihrer Gemeinsamkeit gewesen, den sie heute noch nicht verstehen und nicht verzeihen kann. Wieso hat er so willfährig und ungeprüft der Behauptung von Solange glauben können, dass es bei dem Streit in Nohant um verheimlichte Affären des Bruders und der Mutter gegangen sei, während in Wahrheit doch die verfahrene Ehe zwischen Solange und Clésinger der Anlass war? Er hätte zumindest ihre Stellungnahme abwarten müssen, das Audiatur et altera pars ist das Geringste an Vertrauen, was sie nach all den Jahren von ihm hat erwarten können. Aber er hat ihre Seelenverwandtschaft verlassen und auf diese Weise auch ihre Fürsorge zurückgewiesen, hat die Trennung unausweichlich gemacht!

Warum nur ist die Fürsorge immer das letzte, was ihr bleibt, auch wenn alles andere in den Disharmonien von Geist und Körper untergeht? So wie bei Musset, den sie mit allen Sinnen ihrer Sehnsucht geliebt und der sie mit allem Zauber seiner Worte betört hat, ohne dass sie beide wirklich und dauerhaft zusammengefunden haben. Immer wieder sind sie durch die auseinanderstrebenden Kräfte des Wollens und Könnens fast zerrissen worden, bis hin zur Krankheit, nicht nur der Seele, sondern auch des Körpers. Wie anders wäre sonst das Fiasko ihrer Venedig-Reise zu erklären, in der sie am Schluss doch wieder nur als Krankenpflegerin überlebt hat. Und doch hat sie gerade in dieser Situation eine Liebe erfahren, in der sich die Sinnenfreude nicht mit ohnmächtigem Schmerz von der Seelenverwandtschaft getrennt hat. Trotz oder vielleicht gerade wegen des beredten Schweigens, das aus der gegenseitig fehlenden Beherrschung der Sprache erwuchs, hat sie bei Pagello dieses Gleichgewicht von Sinnlichkeit, Seelenverwandtschaft und Fürsorge gefunden, von dem sie durch die endlose Reihe der Enttäuschungen gedacht hatte, dass sie selbst es sein musste, die dazu unfähig war. Aber nein, sie waren sich gegenseitig eine Stütze, ohne nach Macht übereinander zu streben. Sie haben sich über das Leid getröstet, das sie erduldet haben, bevor sie sich begegnet sind. Sie waren erfüllt von Mitgefühl, Geduld, Freundschaft füreinander. Sie haben voneinander gewusst, wenn und warum der andere traurig ist. Das Begehren hat die Liebe nicht verdrängt. Wenn die Leidenschaft befriedigt war, blieben sie im Dank zusammen. Sie haben das Begehren der Seele erfahren, das von keinerlei körperlicher Liebkosung ermüdet oder gar eingeschläfert wird. Die Freuden der Liebe haben sie nicht atemlos oder abgestumpft zurückgelassen, sondern in göttliche Ekstase versetzt. Sie haben es vermocht, ihrer beider Träume zu deuten und ihr Schweigen zum Sprechen zu bringen. Wenn sie sich zärtlich angeschaut haben, hat sich die eine Seele der anderen zugewandt, grenzenlos und zugleich geheimnisvoll.

Aber warum hat sie diese Momente des erfüllten Liebesversprechens nie festhalten können? Denn das muss sie ehrlich, gerade auch vor sich selbst, zugeben: Diese Momente bilden nicht mehr als einsame Inseln im Meer ihres endlosen Suchens. Fast mag es scheinen, als sei sie gerade an der ersehnten Verbindung von Körper und Geist gescheitert. Ach was, es scheint nicht nur so, sie muss sich ihr Scheitern klaren Blicks eingestehen. Doch zugleich weigert sie sich, die Schuld allein bei sich selbst zu suchen! Sind es nicht immer wieder die gesellschaftlichen Konventionen und Strukturen, die das reinste Sehnen und Streben vergiften, an der Erfüllung hindern? Aber wenn das so ist, dann sind diese Bedingungen, diese zersetzenden Kräfte nur zu überwinden, indem man an der Sehnsucht festhält. Deshalb wird sie sich nicht beirren lassen: Man sieht nur mit dem Herzen gut! Und wenn es auch für manche anders erscheinen mag, sie war nie untreu, indem sie unaufrichtig irgendjemanden hintergangen hätte. Sie hat die Treue nur aufgekündigt, wenn sie dazu gezwungen war, weil sie mit Gründen konfrontiert wurde, die ihre Liebe ersterben ließen. Stets hat sie den Anderen Liebe gegeben, ohne darauf zu achten, was sie empfangen konnte, jedes Mal hat sie mit der Hoffnung auf ein gemeinsames Leben in ewiger Treue geliebt. Mochte es Jahre, Monate, Tage oder gar nur Stunden dauern, immer war sie bereit, der Liebe, dem Geliebten ihr ganzes Leben zu weihen. Sie hat so viel Zärtlichkeit in sich, sie muss lieben – oder sterben! Das ist der Grund, weshalb sie immer an der Suche nach dem Ideal der Vollkommenheit, der vollkommenen Liebe, hat festhalten müssen. Trotz aller Enttäuschungen wird sie sich der Unvollkommenheit nicht ergeben, sondern weiter versuchen, der Vollkommenheit zumindest in kleinen Schritten näher zu kommen. Deshalb kann und wird die Antwort an Flaubert und sein Programm des Hassens nur lauten: Die Menschlichkeit ist kein leeres Wort. Unser Leben besteht aus lieben, und nicht mehr zu lieben heißt nicht mehr zu leben!

Carola Neher
(1900–1942)
und Klabund

All die Jahre hat das Theater, immer und überall, an erster Stelle gestanden, sogar wenn es Klabund gar nicht gut ging. Gleichgültig, ob er körperlich mit seiner Tuberkulose darnieder lag oder seelisch vor Sehnsucht verbrannte, wie er es ihr selbstironisch geschrieben hat. Doch jetzt, wenn Dr. Poeschel aus Davos telegrafiert, dass sie kommen muss, weiß sie sofort und ohne jeden Zweifel, dass ihre gemeinsame Zeit, diese endlos kurzen vier Jahre zu Ende gehen. Zum ersten Mal wird sie Proben abbrechen, da kann Brecht poltern, so viel er mag. Die Zeit bis zur Premiere der *Drei-Groschen-Oper* Ende August ist noch lang genug, dass sie wieder einsteigen kann, pflichtbewusst wie eh und je, aber dieses eine, letzte Mal wird sie für ihren ‚Fred' da sein, nur für ihn ...

Er hat eines der beiden Mansardenzimmer in der Pension Stolzenfels, jener Zimmer, die sie vor nicht einmal drei Jahren vom Hausherrn Dr. Poeschel erbeten hat, weil sie beide so gern allein seien. Vermutlich hat der damals mit einem wissenden Lächeln diesen Wunsch erfüllt, kannte er doch die verzweifelte Lebensgier Klabunds zur Genüge und von der ihren hatte er sicherlich auch schon gehört. Ein Lebenshunger, der sich bei ihnen beiden in schmerzlicher Übereinstimmung keineswegs auf den Ehepartner beschränkt hat, sich aber eben doch zu bestimmten Zeiten in extensiver Zweisamkeit getroffen und explodierend vervielfacht hat. Vorüber, verloren, all die Eifersuchtsszenen, die lautstarken Auseinandersetzungen als Vorspiel zur Versöhnung der Sinne und der Herzen – jetzt gellt seine Stimme nur noch vor Schmerz! Zu der schon turnusmäßigen Lungenentzündung ist nun noch eine Bauchfell- und Hirnhautentzündung hinzugekommen, die ihn immer häufiger in Bewusstlosigkeit untergehen lässt. Also ist sie selbst bei den Erinnerungen jetzt schon allein, allein mit ihrer Angst vor dem Ende, gegen die er ihr nur noch mit seinen geschriebenen Worten beistehen kann.

Die Parallelität der Szenen fasziniert sie immer noch ungebrochen, mit einer Art tröstender Symbolkraft. Wie sie mit 22 endlich, am helllichten Tage, von Zuhause fortgelaufen ist, sodass die Mutter nur noch hilflos die Straßenbahn verfolgen konnte, mit der sie zum Bahnhof und damit weg zu ihrem ersten Engagement in Baden-Baden gefahren ist. Und zwei Jahre später auf dem Weg zu den Kammerspielen in München, wieder in der Straßenbahn, die Begegnung mit Klabund. Nicht dass ihr sein unverschämt fixierender Blick missfallen hätte, aber sie war es gewohnt, sich verbal, vielleicht auch ein bisschen angeberisch, zu behaupten: „Wenn Sie mich ganz ungeniert betrachten wollen, müssen Sie ins Theater kommen, in die Kammerspiele zur *Büchse der Pandora*"! Das hatte er getan, ausgiebig und beharrlich, zerbrechlich und vehement zugleich, schwärmerisch werbend. Er war wahrlich nicht der erste, aber der einzige mit dieser Sprachgewalt, wie also hätte sie als Schauspielerin seinen Worten widerstehen können: „Die Erde rollt ziellos durch den Raum ... Alle Wege führen mich an deine Brust ... Hinter den Schläfen donnert der Niagara meiner Sehnsucht."

Selbst das unvermeidliche Warten während der Proben oder der Vorstellung hat er so beschrieben, dass er es als einzelner mit dem Applaus der vielen, des Publikums, aufnehmen konnte: Im strömenden Regen durch die Straßen ... In langweiligen Cafés Tee mit Rum ... Im Wartesaal zweiter Klasse die Phantasie, dass ihm der Orientexpress seine Liebste bringen wird – in einem Extrasalonwagen ... In einer Kaschemme aus lauter Verzweiflung vier polnische Würste ... Folge: nie mehr polnische Wurst ... Mit einem Kutscher drei Mal die gleiche Straße auf und ab gefahren ... beim vierten Mal weigert der sich, der Gast ist ihm zu blöde ... Nicht einmal die Bibliothek hat offen ... Am Theater vorbei, aber immer noch mehr als eine Stunde Vorstellung ... Welches Kleid wird sie tragen? Sie, dieser einzige Lichtblick in einer tristen Einöde, Mitteleuropa genannt! Nach dem fünften Tee mit Rum kommt eine Serie von Grogs ... Liebe, Liebe, Liebe ...

Zwar ist es Klabund gewesen, der mit seinem Gelübde das Schicksal zu bezwingen versucht hat, aber da er damit so rührend erfolgreich war, hat sie sich notgedrungen – und leichten Herzens – an der Erfüllung des Versprechens beteiligt. Denn eine Heirat lässt sich nun einmal nicht allein bewerkstelligen. Und in der Tat hat auch sie selbst zwischendurch gedacht, dass sie die Klinik nicht mehr lebend verlassen wird, nach dieser verschleppten Blinddarmentzündung mit Blutvergiftung und zwei Operationen. Nur für ihren unendlich besorgten Fred war die Angst sicher noch größer, hatte er doch dauernd den Tod seiner ersten Frau Irene vor Augen. Was Wunder also, dass er dachte, es könnte nicht ausreichen, dass er Tag und Nacht an ihrem Krankenbett gewacht hat – weswegen er auch noch dieses Heiratsgelübde abgelegt hat. Obwohl er die Ehe als solche überhaupt nicht schätzt. Und schon gar nicht in ihrer beider Fall, denn wie soll das funktionieren bei den zwei künstlerischen Berufen, die keiner von ihnen aufgeben will und soll?

Morgens muss sie sich von der Vorstellung des vorigen Abends ausschlafen, nachmittags proben, abends wieder auf der Bühne stehen, was bleibt da an Gemeinsamkeit? Nur die Notwendigkeit für ihn, ihr zu ihren Engagements nachzufolgen. Andererseits kann er das als „Schriftstellereibesitzer" noch am ehesten. Also wird es schon schiefgehen, wenn zwei, die von der Ehe nichts, aber auch gar nichts halten, sich zusammentun, um zu heiraten ...

Eines hat sich nie geändert: ihr Ehrgeiz, ihre Besessenheit als Schauspielerin. Was Schauspielkunst bedeutet, hat sie erst nach und nach erkennen müssen. Dass die größten Schauspielerinnen eigentlich gar nichts machen, sondern einfach nur da sind. Sie sind, wie sie sind. Sie spielen nicht Theater. Theater ist etwas für außerhalb der Bühne, um sich als Star zu etablieren. Als femme fatale hat sie der Journaille immer wieder Temperamentsausbrüche, Affären, Eifersuchtsszenen und ausgefallenste Garderobe liefern müssen. Durchaus mit Vergnügen allerdings, das hat sie nie verhehlt. Einschließlich der entsprechenden Fotos, nach denen nun einmal dieses Jahrhundert der Bilder giert. Sie in 168 Meter Höhe in den Streben des Eifelturms oder als stolze Amazone auf einem schweren Krad (mit dem unglücklich ängstlichen Klabund-Fred auf dem Sozius). Hat alles funktioniert, aber nur, weil es durchwegs im Dienst ihrer Bühnenpräsenz stand. Neben dem jeweiligen Bühnenprojekt gibt es nichts anderes für sie, kein Vergnügen, keine Ablenkung, die sie privat zu beschäftigen in der Lage wäre. Wenn sie ein Ziel hat, will sie es erreichen und kann sich, solange sie dahin unterwegs ist, für nichts anderes interessieren, sie fühlt sich an nichts anderes als an diese Arbeit gebunden. Alles ordnet sie diesem Ziel unter, auch den alltäglichen Lebenswandel. Nicht zu viele Süßigkeiten, die sich gerade an den falschen Stellen absetzen, stattdessen Hantel- und Gymnastiktraining für die Schlankheit unterhalb der Brüste. Das ist der Rahmen für schauspielerische Größe, die dann letztlich menschliche Größe bedeutet. Was von der Bühne auf das Publikum überspringt, ist der Funke der Persönlichkeit. Große Schauspieler sind Persönlichkeiten, deren Bedeutung durch das Medium der jeweiligen Rolle ins Riesenhafte gesteigert wird. Private Wirkungen von der Rampe herunter gibt es gar nicht. Eine Frau kann von der Bühne aus schön sein, auch wenn sie im Leben hässlich ist. Wenn man irgendeine schöne Frau über die Bühne gehen lässt, wird sie über die eigenen Beine und Gedanken stolpern. Hilflos wie ein Fisch auf dem Land. Aber Schauspielerinnen sind erst auf der Bühne in ihrem Element – sie stolpern nur im Leben!

Nicht nur die Klatschpresse, sondern viel mehr noch Klabund hat eine Vielzahl ihrer erotischen Ausflüge als ein solches Stolpern empfunden. Obwohl manches lediglich bewusst lanciertes Theater war, wie man es als Star eben dem Blätterwald zum Fraß vorwerfen muss. Auch will sie nicht aufrechnen, wann, wo und wie oft ihr Fred selbst ins Stolpern gekommen ist. Denn es hat sie ja durchaus gegeben, ihre Abenteuer, aber gerade nicht mit schlechtem Gewissen, wenn er weit entfernt in Davos kuren musste, sondern gerade auch in seiner Gegenwart, in München, Berlin oder sonstwo … Aber manches war für ihn zu viel, sicherlich, und nachträglich hätte sie das eine oder andere auch gerne ungeschehen gemacht. So wie die kurze Romanze mit Moissi in Davos Winter 25/26. Moissi, der sie eigentlich früher, als Schauspiel-Elevin, viel mehr fasziniert hat. Klabund ist sogar nach einer der üblichen Streitszenen in der Eiseskälte bis zum Strelapass hinaufgelaufen, um sich abzureagieren. Das war viel zu gefährlich, also hat sich ihre Wut, mit der sie anschließend abgefahren ist, schnell in Fürsorge gewandelt. Und nur aus Sorge für ihn ist sie nicht umgehend wieder zurückgefahren, denn sie sind nun einmal ein tragischer Fall. Sie liebt ihren Fred so sehr wie nichts auf der Welt, aber wenn sie wieder zurückgekommen wäre, wäre er wieder unglücklich geworden, und er brauchte seine Ruhe und ein wenig Frieden. Er hat sie, wie immer, sehr wohl verstanden und es ihr mit diesem leuchtend-schwarzen Liebesgedicht gedankt:

> Stunden Wunden werden rinnen
> In das Meer der Ewigkeit:
> Immer neu laß uns beginnen
> Unsere Wonnen, unser Leid.
> Laß aus deinen dunklen feuchten
> Augen doch dein Herz mich trinken!
> Unsre Liebe, sie wird leuchten,
> Bis die letzten Sterne sinken.

Wie wahr, wie wirklich! Diese Ehe ist für ihn sicher ebenso anstrengend gewesen wie für sie, aber er hat sich nie beklagt, höchstens gedichtet. Verse als Kitt des Lebens. Damals in Davos wollten sie sich zum 150. Male scheiden lassen, aber es ist wie immer nichts daraus geworden. Später dann Trennungsversuche nur mehr alle 8 Tage, großer Fortschritt!

Ohne jeden Fortschritt, weil völlig unnötig: ihrer beider Haltung zu seiner Krankheit. Wenn sie seine Hustenanfälle ironisch nachgespielt hat, war er ihr sogar dankbar. Dankbar für die fehlende Schonhaltung, die von den meisten geradezu als Pflicht einer Ehefrau gegenüber dem kranken Mann angesehen wurde. Er hätte ihr jede Mitleidsdemonstration zutiefst verübelt. Der Teufel soll ihn frikassieren, hat er gesagt, wenn die Krankheit Einfluss auf sein wirkliches Leben gewinnen dürfte. Dass seine Lebensspanne begrenzt war, wussten sie beide, mussten sich nicht gegenseitig daran erinnern, im Gegenteil, stattdessen ging es darum, so viel intensives Leben hineinzupacken wie irgend möglich. Lebensintensität war ihr gemeinsames Elixier, unterschiedlich in den Gründen vielleicht, doch identisch im Erleben, bei jedem für sich, aber auch gemeinsam, wie das Schicksal es erlaubt hat. In den Ferien auf Gut Zeesen oder an der Mittelmeerküste, auf Brioni, haben sie alle Empfindungen zusammen in sich aufgesogen, Sonne, Wind, Wasser. Sogar geschwommen sind sie zusammen, schwerelos im Wasser und in Gemeinsamkeit, das ist seine und ihre Art der Sinnlichkeit, die sich nicht auf das Körperliche beschränkt, sondern ausgreift auf alle Erlebnisse, von der Natur über das Wort bis zum Theater. Wenn schon untergehen, dann aber tanzend und singend: ihre Verschmelzung von Ich und Du, unauflösbar!

Unwiederbringliche Stunden der Sorglosigkeit, in denen sie auch, auf Brioni, ihre Sportbiografie gedichtet hat: Dass sie neben Eishockey, Eiscreme-soda, Bob mit Bobby genauso Polo liebt, Segeln auf dem Wannsee, Schwimmen am Lido ... Vor allem aber Black and White bottom tanzt und manchem auf der Nase herum! Dass sie Klavier und Poker spielt, Wasserball und Erdball. Und Theater. Und nicht zuletzt etliche Herzen Knock-out geschlagen hat! Allerdings immer im eigenen Interesse. Während Klabund, wenn er sich denn geschlagen hat, selbstredend mit Worten, dann für sie. Und auch noch siegreich. Etwa gegen den unausstehlichen Klöpfer in Shaws *Mensch und Übermensch*. Schon die Proben hat dieser ungehobelte Haudrauf nicht nur ihr vergällt, hat herumgepöbelt, sogar gegen Klabund, sodass sie zum ersten Mal eine Rolle mit Überwindung spielen musste. Ohne Klabund, der in jeder Vorstellung beschützend im Parkett saß, hätte sie gar nicht weiterspielen können. Dann aber hat der betrunkene Klöpfer sie nicht nur in der letzten Szene so roh angefasst, dass sie blaue Flecken davongetragen hat; nach dem Applaus, dem sie sich gar nicht mehr stellen konnte, ist er krakeelend zu ihrer Garderobe gestürmt, hat die Tür eingeschlagen und sie tätlich angegriffen. Klabund hat umgehend mit

Klage gegen Klöpfer gedroht und beim Direktor Saltenburg die sofortige Umbesetzung ihrer Rolle verlangt. Mit Erfolg! Ihre Dankbarkeit hat er ihr von den Augen ablesen können und sie von den seinen, wie selig er darüber war …

Was hat sie ihm dafür gegeben? Reicht es, dass sie mit ihm durch diese vier gemeinsamen Jahre gehetzt ist? Mit allen Sinnen, mit ekstatischer Nähe und Distanz zugleich, zwei unabhängige Gestirne in gegenseitiger Anziehung gefangen. Hat sie genug dazu beigetragen, dass das Theater wirklich zum erhofften Höhepunkt ihrer Gemeinsamkeit geworden ist? Er hat ihr Sätze auf den Leib, auf die Seele geschrieben, um sie seine Worte sprechen zu hören, sie lächeln und weinen zu sehen aus seinem Herzen. Auch wenn die Kritik nicht immer mit ihr oder den Stücken zufrieden war, er war es, nicht zuletzt mit ihrer unsentimentalen Darstellung, selbst in den rührendsten Szenen. Wie er auch ihre männliche Art zu lieben nie beklagt hat. Denn nicht nur auf der Bühne hat sich mittlerweile die Rolle der Frau gewandelt. Am Theater herrscht die Frau seit jeher, sie hat die Hosen an, auch ohne sie anzuhaben. Ihretwegen läuft das Publikum ins Theater. Und auch jenseits der sprichwörtlichen Bretter scheint es, als stände eine Herrschaftsepoche der Frau bevor. In der Mode bereits vorweggenommen: der Bubikopf, das Herrenhemd als Bluse, der Smoking für die Dame – es wäre allzu oberflächlich, all das nur als eine Marotte zu bezeichnen. Die Hosenrolle floriert, jedenfalls auf allen Faschingsbällen landauf, landab. Wer aber in einem ständigen Fasching lebt, wie die Schauspielerin, der spielt den Mann nicht nur für sich selbst, sondern auch für Tausend andere. Ihr eigenes Wunschbild vermischt sich mit dem Sehnsuchtsbild der ganzen Menschheit – soweit sie gerade im Theater sitzt. Denn auch die Sehnsucht des Mannes ist es, sich einmal als Frau zu sehen, zu fühlen, zu erleben. Die Sehnsucht des Liebenden, mit dem geliebten Wesen völlig eins zu werden, sucht Erfüllung. Der Mann will die Frau nicht nur erobern, er will sie auch sein. Und umgekehrt!

Noch im Sterben sieht er aus wie ein schüchterner Zwanzig-Jähriger am Anfang aller Liebeserfahrung. Obwohl jetzt die runde Hornbrille fehlt, die seinen erstaunt-neugierigen Kinderblick so eingerahmt hat, dass man unwillkürlich von diesem Bild fasziniert war. Erst recht, wenn hinter der höflich-zurückhaltenden Art die Wucht seiner Lebensgier und die Fülle seiner erotischen Erfahrung fühlbar wurde. Dass sie trotzdem für ihn, den zehn Jahre Älteren, die erste und einzige sein konnte – einfach überwältigend:

> Hingen Wang an Wangen
> Hingen Blick an Blick.
> Viele Frauen sind mit mir gegangen,
> und nur eine sah zurück.
> Viele haben schön bei mir geschlafen,
> und nur eine ist erwacht.
> Mein zerzaustes Segel fand den Hafen,
> und mein Tag fand seine Nacht.

Und wie hat sie es ihm gedankt? Durch den gleichen Lebenshunger, die gleiche überbordende Sinnenlust, über alle bürgerlichen, konventionellen Grenzen hinaus! Undank oder unvermeidbarer, unverzichtbarer Schmerz des Lebens? Sie weiß es nicht, weiß er es?

> Ich bin erwacht in weißer Nacht.
> Der weiße Mond, der weiße Schnee,
> Und habe sacht an dich gedacht,
> Du Höllenkind, du Himmelsfee.
> In welchem Traum, in welchem Raum,
> Schwebst du wohl jetzt, du Herzliche,
> Und führst im Zaum am Erdensaum
> Die Seele, ach, die schmerzliche – ?

Lust und Leid, er konnte wohl keines ohne das andere haben in seinem Leben. Deshalb, mit klarem Blick, wie immer, hat er für sich selbst als Grabinschrift entworfen: „Er war ein Mensch, nicht weniger, nicht mehr. Er starb, bevor er starb. Möge er leben, nachdem er lebte. Millionen gehen mit einem weißen Zettel zu Grab. Bleibt nur ein Wort von ihm für die Ewigkeit, so lebt er unsterblich im Liede des menschlichen Leides …"

Ohne Zweifel, seine Worte werden bleiben. Ein Geschenk für alle, von ihm, aber genauso von ihr, ohne jede Eifersucht, jetzt nicht mehr: Er soll leben, nachdem er lebte!

O gib mir deine Hände,
Der Frühling brennt im Hag,
Verschwende dich, verschwende
Diesen Tag.
Ich liege dir im Schoße
Und suche deinen Blick.
Er wirft gedämpft den Himmel,
Der Himmel dich zurück.
O glutend über Borden
Verrinnt ihr ohne Ruh:
Du bist Himmel geworden,
Der Himmel wurde du.

Anais Nin
(1903–1977)
und Henry Miller und ...

June

Letztlich ist es June, die den Schutt ihrer puritanischen Erziehung endgültig weggeräumt hat. Nachdem allerdings andere vor ihr die heiligen Hallen des Katholizismus zum Einsturz gebracht haben. Hugo, von dem man es als ihrem Ehemann am ehesten erwartet hätte, war dazu nicht in der Lage. Wenn er Leidenschaft verspürte, dann hat er sie von Anfang an dem Respekt und der Achtung vor seiner Frau untergeordnet. Das hat ihr die Hemmung, ja die Angst vor allem Fleischlichen nicht nehmen können, sondern paradoxerweise aus der insgeheimen Vermutung eine klare, feste Überzeugung werden lassen: dass erst und nur in der Sexualität das wahre, reale, intensivste Leben zu finden ist. Auf der Suche nach diesem wirklichen Leben war ihr sicher John Erskine, Hugos verehrter Literaturprofessor, bei den ersten Schritten besonders behilflich. Er, den sie 1925, zwei Jahre nach ihrer Hochzeit, zunächst nur als unerbittlichen Kritiker kennengelernt hat, fand ihr Tagebuch nur vier Jahre später in Paris nicht mehr, wie damals, zu wenig kompakt, sondern im Gegenteil: sehr lebendig! Dass sie ihn als Schriftstellerin begeisterte, schien ihr am Anfang der größte Erfolg, bald aber übertroffen von seinem Werben um sie als Frau. Wie hat sie ihm geantwortet, mit Blicken, Küssen, ja mit der Feuchtigkeit ihres Begehrens. Und trotzdem war er im entscheidenden Moment zur letzten, vollkommenen Vereinigung nicht fähig. Mag sein, dass ihn wirklich die Freundschaft mit Hugo gehindert hat, trotzdem hat sie bei ihm zum ersten Mal das völlige Vergessen erfahren. Vergessen aller anderen Gefühle, die sich zwar nicht auflösen, aber für den Moment untergehen, in der Intensität der Erregung verschwinden. Danach haben auch die anderen Männer der letzten Jahre die Risse im einstmals festgefügten Gebäude des Katholizismus weiter verstärkt. So erregend: Gustavo Morales, der kubanische Komponist, durch den sie erkannt hat, dass es zwei Möglichkeiten gibt, an sie heranzukommen. Durch Küsse oder mit Hilfe der Phantasie – aber eigentlich genügen Küsse alleine nicht. Nie und Nimmer. Doch auch nur durch Phantasie öffnet sich für sie nicht der

Weg in das wirkliche Leben. Sonst hätte Eduardo, ihr Vetter, dem sie schon seit der Jugendzeit wie eine Zwillingsschwester verbunden ist, sie endgültig von ihren jungfräulichen Gefühlen geheilt; und sie ihn von seiner unglücklichen Liebe zum eigenen Geschlecht.

Nein, für diese Heilung, für den Einsturz der Kathedrale ihrer Erziehung, hatte es eines großen, sprachmächtigen, literarischen Geistes bedurft. Erst durch die Romane von D. H. Lawrence hat sie es auch fühlen können, was ihr bis dahin nur intellektuell bewusst war: wie weit die konventionelle Moral sich und jeden, der ihr folgt, vom Kern des Lebens entfernt, von der Sexualität, von der Offenheit für Erfahrung, wie immer sie auch aussehen mag. Jedes System verhindert das wirkliche Erleben, die existenzielle Beweglichkeit als permanenten Wechsel von Welt- und Selbsterfahrung! Sie hat Lawrence diese Erweckung durch den Essay gedankt, den sie über ihn geschrieben hat, in einem Rausch von Begeisterung und Schaffenskraft. Dass trotzdem noch der Schutt des zerstörten, jedoch nicht endgültig überwundenen Katholizismus auf ihr lastete, hat ihr Drake demonstriert, der Assistent des Verlegers Titus, der bereit war, ihr Lawrence-Manuskript herauszubringen. Drake war ein Meister in der Phantasie des Küssens, aber er verstand darunter auch, dass eine Frau seinen Penis in den Mund nehmen sollte. Dazu war sie damals noch nicht bereit, oder: zumindest bei ihm nicht. Jetzt ist das ganz anders, wenn sie an Henry denkt, diesen gedrungen-schlanken, aber unendlich phantasievollen Vitalklotz, bei dem sie von der ersten Minute an sicher war: Diesen Mann könnte, würde sie lieben!

Doch dann war June, seine Ehefrau, aufgetaucht und hatte die Bereitschaft ihres Körpers und ihrer Seele unwiderstehlich auf sich gezogen. Als June zum ersten Mal aus dem Dunkel des Gartens auf sie zukam, erschien sie ihr, nein war sie die schönste Frau der Welt. Es dauerte nur einen Tag und sie hatte sich June gegenüber wie ein Mann gefühlt: wahnsinnig verliebt in ihr Gesicht wie in ihren Körper. Und das, obwohl June als femme fatale ganz eindeutig die härtere ist, nicht zuletzt wegen der Macht, die sie auf alle auszuüben versteht, mit allen Mitteln, von denen die unausweichlichen Lügen noch die verzeihlichsten sind. Denn das ist eben ihre Art der Phantasie. Aber schon der Ansatz ihrer Brüste hat bei ihr das unbeherrschbare Bedürfnis ausgelöst, sie zu küssen. Beide waren sie in jedem Moment von der Furcht erfüllt, einander zu missfallen. Für June hat sie sich von ihren Korallen-Ohrringen und dem Türkisring getrennt, einem Geschenk von Hugo, aber das war das Blut, das sie Junes Schönheit zu opfern bereit war, nein unbedingt zu opfern wünschte! Und June hat ihr dafür das Silberarmband mit dem Katzenaugenstein geschenkt – wo sie doch kaum etwas besaß. Sie wird es als ein kostbarstes Symbol tragen. Symbol auch dafür, dass der dauernde Krieg zwischen June und Henry nicht der ihre ist. Obwohl June auch ihr etwas vorgelogen hat, über das Geld, das von Hugo stammte und das sie sinnlos ausgegeben hat, nicht wie behauptet für die ausstehende Miete, sondern für Champagner und Kaviar. Aber das Unmoralische, Verantwortungslose liegt eben in ihrer Natur; und sie will nicht an Junes Natur herumpfuschen. Sie will nur das Geschenk der Ekstase in vollen Zügen genießen, wenn sie Arm in Arm mit June durch Paris geht und sie beim Gehen ihre Brust fühlen kann. June ist unter dem Kleid immer nackt. Vielleicht hätte sie ihr die schmerzende Sehnsucht nach ihren Küssen, ihrer Haut, ihren Beinen früher gestehen sollen, nicht erst am letzten Tag, im Moment ihrer Abreise. Denn June hat ihr ‚Ich möchte dich küssen' mit den gleichen Worten erwidert, aus dem Taxi heraus, das sie zum Bahnhof bringen sollte. Und ihr den Mund geboten, den sie lange, sehr lange geküsst hat. Nun ist sie zwar wieder allein, aber June hat ihr die unaufhebbare Erfahrung hinterlassen: Die Liebe zu einem einzigen Mann, einer einzigen Frau ist eine Beschränkung. June ist fort, in New York, aber sie ist endlich, in ihrem 28. Lebensjahr, bereit für einen Mann wie Henry.

Henry

Vielleicht hat sie sich nach der Lektüre seiner Filmbesprechung seine Gestalt etwas anders vorgestellt, schließlich ist er schon 40, aber das gehört zu den Äußerlichkeiten, die völlig verschwinden gegenüber der Wucht seines Lebenshungers, der Gewalt seiner Worte. Worte, die wie Beile geschwungen werden und vor Hass explodieren, sodass man inmitten der Tuilerien die Trommeln von Wilden hört. Ja, er liebt die Hässlichkeit, das Fluchen, den Slang, Prostituierte, Schmutz und Härte. Liebe ist für ihn Sex! Sie war erfüllt von der Vehemenz und Härte seines Stils, doch dann trat er ihr ganz sanft gegenüber: sanfte Stimme, die leise ausklingt, sanfte Gesten, sanfte Hände … und sie hat kapituliert vor seiner unermüdlichen Neugier und seiner Romantik gegenüber Frauen. Trotzdem hat sie unwillkürlich erwartet, dass in ihrer Beziehung das Zarte und das Ungestüme aufeinandertreffen werden. Aber stattdessen hat er ihr Liebesbriefe geschrieben, deren Wärme sie in der Haut spürt, in den Brüsten, im pulsierenden Zentrum der Erregung. Also hat sie seiner fatalistisch-melancholischen Behauptung, dass nur Huren ihn, den grobschlächtigen Bauer, zu würdigen wissen, mit Nachdruck, ja Hingabe widersprochen. Und er hat mit einem endlosen Kuss geantwortet, der sie auf sein Zimmer geführt hat, unwiderstehlich. Sie hat den Raum nicht wirklich wahrgenommen, denn als er sie in die Arme genommen hat, ist ihr Körper dahingeschmolzen. Die Zärtlichkeit seiner Hände, das unerwartete Eindringen bis in ihren Kern, ohne jede Gewalttätigkeit. Nichts als seltsame, sanfte Macht. Danach ist der Raum jedes Mal erfüllt von der Glut, die er in sie ergossen hat. Wenn sie auf der Bettkante sitzt und er zu ihr spricht, ist es, als wolle der Raum bersten. Sie versteht seine Worte nicht, hört nur seine Stimme, die gegen ihren Körper vibriert, eine neue Art der Zärtlichkeit, des Eindringens. Die Stimme kommt direkt von ihm in sie hinein.

Sie hat keine Worte dafür, so neu ist das alles für sie. Langsames Eindringen mit Pausen und Bewegungen, die sie vor Lust aufkeuchen lassen. Danach erinnert sie sich nur an seine Gier, seine Kraft, seine Freude über ihr Hinterteil, das er wunderschön findet ... und den Fluss ihres Honigs, die Ausbrüche von Lust während der Stunden des IneinanderEinsSeins. Das ist das wirkliche Leben, wenn er ihr bekennt, dass er keinen Moment an irgendeine Hure gedacht hat. Er schläft in ihren Armen ein, sein Penis ruht noch in ihr, ein Augenblick wahren Friedens, restloser Sicherheit. Und Ruhe und Aufruhr, immer wieder neu. Seine Küsse sind nass wie Regen. Sie ist bereit, sein Sperma zu schlucken, sein warmes, weißes Blut. Er küsst ihr das weiße Blut von den Lippen, und sie riecht dabei auf seinem Mund ihren eigenen Honig der Erregung. Sogar wenn sie nur an Henrys Arbeit, sein Schreiben denkt, rührt es sich in ihrem Unterleib. Dann möchte sie selbst Wörter schreiben können, die den starken Duft nach dem Honig einer Frau und dem weißen Blut eines Mannes verströmen. Von ihm kann sie lernen, wie man mit dem Körper eines Mannes spielt, wie man das eigene Verlangen ausdrückt. Dafür schenkt er ihr seine Zärtlichkeit, die selbst nach einem Erguss so intensiv, nachwirkend ist. Seine kleinen, sanften Küsse verweilen ebenso lange in ihrem Körper wie seine heftigen Liebkosungen. Und genauso gesteht er ihr, dass er sonst, wenn er eine Frau besessen hat, sie am liebsten aus dem Bett stoßen möchte. Aber bei ihr bleibt es hinterher genauso erhebend wie zuvor. Von ihr bekommt er niemals genug. Das ist es wohl, warum sie ihm – und sich – immer mehr und mehr hat geben können. Zu Beginn hat sie die Beine nur gespreizt, weil er es so mochte, nicht weil es ihr Erregung verschaffte. Jetzt hält sie die Beine weit auseinander, statt sie wie früher zusammenzupressen, um zum Höhepunkt zu kommen. Anfangs hat sie seinen

Penis nur widerstrebend in den Mund genommen, jetzt aber genießt sie das Saugen so sehr, dass sie dabei fast selbst einen Höhepunkt hat. Sie hat ihr kindliches Ich endgültig abgestreift. Das alte Schema ihres Lebens ist zerrissen, es hängt in Fetzen um sie herum. Endlich.

Die Wohnung in Clichy, die Henry mit seinem Freund Fred Perlès teilt, ist unerwartet aufgeräumt. Und wie sich herausstellt, nicht etwa, weil nur Fred aufräumt. Abgesehen von seinen leidenschaftlichen Schriften ist an Henry wirklich gar nichts Verrücktes. Denn seine sexuelle Leidenschaft ist zwar höchst außergewöhnlich, aber für sie längst gerade das Gegenteil von verrückt. Nicht zuletzt deshalb hat sie erwartet, dass die ersten Tage (oder Nächte), die sie bei Henry in Clichy verbringen kann, irgendwie sensationell sein würden. Umso erstaunter ist sie, dass sie sich in ruhige Gespräche vertiefen und nur wenig tun. Alle sehen von außen nur seine Lautheit und seine Stärke, sie aber hört und fühlt seine Sanftmut. Sie fühlt sich in Clichy zuhause. Zuhause in den Gesprächen über Literatur, der gegenseitigen literarischen Unterstützung, in dem literarischen Schreiben, miteinander, übereinander, gegeneinander. Wenn sie bei ihm ist, vibrieren ihr Körper und ihr Geist unaufhörlich. Sie fühlt sich nicht nur mehr als Frau, sondern auch mehr als Schriftstellerin, als Denkerin, als Leserin, in allem ein Mehr! Jeden Tag sagt sie, dass sie ihn nicht noch mehr lieben kann, und jeden Tag findet sie noch mehr Liebe für ihn in sich. Sie liebt ihn ebenso sehr, wie sie ihn begehrt. Und ihr Begehren ist immens. Jeder Stoß von ihm in ihr ist ein Stich der Freude. In einer Spirale hochgetrieben. Die das Zentrum berührt. Der Leib saugt, vor und zurück, offen, geschlossen. Jede Stunde, die sie in seinen Armen verbringt, könnte die letzte sein. Sie gibt sich dem mit aller Leidenschaft hin. Denn jeden Augenblick kann June aus New York zurückkommen. Und Henry braucht Junes Falschheit, Unberechenbarkeit, Gewalttätigkeit als Lebenselixier, als Quelle schmerzhafter Lebendigkeit. Doch letztlich ähnelt sie ihm auch hier, sei es nun ein Fluch oder ein Segen, eigentlich beides ineins! Sie hassen beide das Glücklichsein. Also was heißt es, wenn Henry versichert, er kann sich vorstellen, dass sie verheiratet wären, um gemeinsam das Leben zu genießen? Dass er nach ihr tausend Frauen haben könnte und keine wäre in der Lage, sie auszulöschen? Alles in ihr drängt zu der Antwort, dass sie bereit ist, ihr Leben aufzugeben, ihr Heim, ihre Sicherheit, ihr Schreiben, um mit ihm zusammenzuleben, für ihn zu arbeiten, für ihn Prostituierte zu sein. Doch das ist nicht genug, für sie nicht genug! Es geht nicht nur um June. June und sie schließen einander nicht aus. Henry braucht sie beide. June ist das Stimulans, sie ist die Zuflucht. Gegen alle Junes dieser Welt. Also wird sie sich aus Selbstschutz von Henry lösen müssen. Sie kann das einfach nicht ertragen. Sie hält stand, während er sorglos von Frau zu Frau flattert. Sie liebt ihn ebenfalls auf die sinnliche Art, doch dieses Band kann am Ende nicht halten. Ihm ist bestimmt, sie zu verlieren. Was sie ihm gibt, wäre für einen weniger sinnlichen Mann überwältigend. Doch nicht für Henry.

Venus

Geldmangel gehört zu den Lebensumständen, die Henry, wenn sie ihm nicht aufgezwungen wären, vermutlich selbst herbeiführen würde. Deshalb war er anfangs höchst angetan, als ihm ein Büchersammler den Vorschlag machte, er solle für einen Klienten erotische Literatur schreiben. Eine Auftragsarbeit mit einer Art von geregeltem Einkommen. Aber der Auftrag bezog sich eigentlich nicht auf Erotik, sondern auf bloße Sexualität. Der Klient, der nie aus seiner anonymen Deckung heraustrat, wünschte nur sinnliche Schilderungen ohne Deutungen und philosophische Betrachtungen, wie er durch seinen Mittelsmann zur Kenntnis gab. Wenn es denn überhaupt ein Mittelsmann war. Also Beschreibung des rein Sexuellen ohne jeden ‚poetischen Firlefanz'. Doch die Beschränkung auf von Gefühlen entleerte Gesten und Handlungen kann jede Leidenschaft töten, sogar das Interesse an Erotik und am Aphrodisiakum der Dichtung. Also war sie Henry beigesprungen und hatte einen Teil der Fron übernommen. Hatte tagelang das Kamasutra studiert und sich von Freunden ihre außergewöhnlichsten Abenteuer erzählen lassen. Um auf diese Weise eine Mixtur von Gehörtem und Erfundenem zu produzieren; und dabei so zu tun, als handele es sich um Episodenschilderungen aus dem Tagebuch einer Frau. Schließlich war ihr diese Erzählweise am geläufigsten, aber trotzdem – oder gerade deswegen – fiel es ihr keineswegs leicht, die merkwürdigen Vorgaben zu erfüllen:

Nach dem Handkuß ließ er seine Lippen aufwärts wandern bis zur Innenseite ihres Ellenbogens. Dort war die Haut am empfindlichsten, und wenn sie danach den Arm beugte, konnte sie sich vorstellen, der Kuß sei eingefangen worden. Madeleine ließ ihn dort wie eine gepreßte Blume liegen. Später, als sie wieder allein war, öffnete sie den Arm und küßte die Stelle, als wollte sie den Kuß insgeheim ganz und gar verschlingen. Dieser Kuß, der mit solcher Raffinesse dort plaziert wurde, war wirkungsvoller als all die derben Kniffe in den Popo, die sie auf der Straße als Kompliment für ihre Reize empfangen hatte, oder die geflüsterten Obszönitäten der Arbeiter, die an ihr vorbeigingen: ‚*Viens que je te suce.*‘

Aber dem vorgeblichen Sammler von erotischer Literatur war das immer noch zu viel Liebesglut, zu viel Orchestrierung der Sinne, des Gefühls. Lassen Sie alle dichterische Verbrämung weg, das war seine Botschaft. Nun denn:

Dann beugte er sich über sie wie eine riesige Katze und durchbohrte sie von hinten. […] Sein Gewicht preßte sie schließlich zu Boden, bis sie flach auf dem Teppich lag. Mit beiden Händen hob er ihre Hinterbacken hoch und stieß immer wieder zu. Sein Schwanz schien aus glühendem Eisen. Er war lang und dünn und bewegte sich nach allen Richtungen. Er tanzte mit ihr mit einer Wendigkeit, die sie nie zuvor erlebt hatte. Dann wurden seine Bewegungen immer schneller und er keuchte heiser: „Komm schon, komm, sag ich dir. Gib mir alles, jetzt, gib's mir wie noch nie. Gib's mir wie noch nie. Gib's mir, los, jetzt, jetzt!" Da bäumte sie sich mit aller Kraft auf und ließ ihren Hintern gegen seinen Bauch, seine Schenkel, seinen Sack klatschen. Der Orgasmus kam wie ein Blitzschlag, der sie beide gleichzeitig traf.

Zwischendurch hatte sie gedacht, solches Schreiben mit heimlicher Ironie und exotischer Übertreibung müsste den Klienten ernüchtern, ihn die Karikatur des Erotischen fühlen lassen. Aber es erfolgte kein Protest. Mittlerweile hat sich deshalb ihre Aversion zu einer Art Hass gesteigert. Hass, weil er ihr nicht erlauben will, Sexualität mit Gefühl, Sinnlichkeit mit Leidenschaft zu verschmelzen: zu dem dichterischen Flug der Erotik. Wenn er genug haben wird von der sterilen Pornographie, wenn er keine Geldquelle mehr darstellt, wird sie ihm als letztes einen Brief schreiben, eine Anklage, um sich der monatelangen Frustration zu entledigen. Denn das Geschlechtliche verliert alle Macht und Magie, wenn es überdeutlich, übertrieben, mechanisch dargestellt, wenn es zur fixen Idee wird. Es wird stumpfsinnig. Mehr als durch irgendeinen realen Menschen hat sie durch diesen Auftrag erfahren, wie falsch es ist, das Geschlechtliche von der Emotion, dem Hunger, der Lust, der Begierde, von Stimmungen und persönlichen Bindungen zu trennen, die seine Farbe, seinen Geschmack, seinen Rhythmus, seine Intensität verändern. Wer sexuelle Betätigung mikroskopisch genau untersuchen will, schließt dadurch alle anderen Aktivitäten aus, die doch der Brennstoff sind, an dem sich das Erotische entzündet. Die Mitwirkung von Verstand, Phantasie, romantischen Gefühlen verleiht dem Sexuellen seine erstaunliche Textur, seine subtilen Transformationen, seine aphrodisischen Elemente. Ohne sie beschränkt man die Sensibilität nicht nur, sondern lässt sie verkümmern, verhungern, verbluten!

Hugo

Alles außer ihrer Liebe zueinander erklärt Hugo für unwesentlich – als Phasen, Ungereimtheiten der Leidenschaft, die der Liebe nichts antun können. Das ist der oberste Glaubensgrundsatz für ihn, er braucht diese Sicherheit, um leben zu können. Sie bestätigt ihm, dass er Recht hat, schon aus Freude darüber, dass er diese Sicherheit gefunden hat. Vielleicht aber auch wegen der Freiheiten, die er ihr damit eröffnet. Er will einfach nichts merken, nichts erkennen. Selbst als sie aus dem Gästezimmer gekommen ist, nach einer ekstatischen Stunde mit Henry, um sich zu waschen. Er hätte die Wassertropfen sehen können, die zu Boden fielen; die Flecken in ihrer Unterwäsche; das mit einem Taschentuch abgewischte Rouge. Er hätte misstrauisch werden können, eigentlich müssen, als sie ihn gefragt hat, warum er nicht versucht, zwei Mal zu kommen. Es lag so nahe, dass sie dabei an Henry gedacht hat. Oder als sie mit den Liebesbriefen von Henry unter dem Kopfkissen geschlafen hat und er das Rascheln des Papiers einfach überhört hat. Und im Zweifelsfall lässt er sich sofort mit den einfachsten Lügen beruhigen. Sogar als er ihre Tagebucheintragungen über Henry gefunden hat. Dass sie nur Stilübungen zur Beschreibung erotischer Szenen macht, hat er keine Sekunde bezweifelt. Auch dass Henry sie nur als Schriftsteller interessiert, weiter nicht, hat er ihr sofort geglaubt. Er ist glücklich, geliebt zu werden, und sie staunt über ihre Lügen, ihre Schauspielerei.

Obwohl sie es ja durchaus versucht hat, Leidenschaft für ihn zu empfinden. Anfangs hat sie ihre Gefühle für ihn sogar dafür gehalten, aber das war ein unvermeidbarer Irrtum ihrer katholischen Unerfahrenheit. Seine große, beindruckende Gestalt hat sie auf eine unbestimmte Weise erregt. Und dass er ihr 1923 nach Kuba gegen den Willen ihrer Mutter nachgefahren ist, um sie zu heiraten, hat sie in die Ekstase einer bürgerlichen Ehefrau versetzt. Jetzt weiß sie, dass die damalige Idylle ihrer gemeinsamen Häuslichkeit nichts mit Leidenschaft zu tun hat. Im Gegenteil, Hugos sexuelles Begehren hat sie zuerst erschreckt und dann, als sie sich daran gewöhnt hatte, eher gelähmt. Erst Lawrence als Schriftsteller und Erskine, June und Henry als Liebhaber haben ihre Leidenschaft geweckt und befreit. Leidenschaft, die sie immer an Hugo weitergeben wollte. Wenn er sich auf sie gelegt hat, hat sie innerlich auf Henrys Anweisungen gehört, und Hugo ist in jubelnde Rufe ausgebrochen. Sie aber kann sich dem Vergleich mit Henry nicht entziehen. Nach der sanften, mühelosen Art, wie Henry in ihren Körper hineinschlüpft, ist Hugo für sie schrecklich schwer zu ertragen. Nicht nur dass er sexuell, körperlich zu groß für sie ist, sodass ihre Lust niemals ungetrübt ist und immer schmerzhaft bleiben wird. Zwar nimmt Hugo Vaseline zu Hilfe, doch ihr hilft das überhaupt nicht, seine Bewegungen sind zu schnell, zu stoßend. Es ist immer so kurz, die Entfremdung zwischen ihrem und Hugos Körper hat sich nicht aufhalten lassen. Seine Liebkosungen sind ihr unerträglich, am liebsten würde sie vor seinem Verlangen davonlaufen. Es hilft nichts, sie muss es sich eingestehen: Ihre Liebe zu Hugo ist nur noch brüderlich zu nennen.

Es ist eine Ungerechtigkeit, zweifellos. Wie groß ist Hugos Kraft, zu lieben, zu verzeihen, zu geben, zu verstehen! Seine ungeheure Fähigkeit, sich selbst zu verlieren, zur Liebe zu verlieren, rührt sie immer wieder. Wer außer ihm würde drei Mal zum Bahnhof kommen, um sie abzuholen, weil sie drei Mal den Zug verpasst hat? Er schenkt ihr Liebe, aber was sonst? Doch je mehr Entfernung zwischen ihren Körpern liegt, umso intensiver ist ihre Dankbarkeit, desto klarer ist ihr bewusst, dass er von ihnen allen am besten weiß, wie man liebt, zärtlich, fürsorglich, dauerhaft. Aber was wäre, wenn sie um seinetwillen der Leidenschaft und des Lebens entsagen würde? Dann hätte er eine kranke Nonne, vergiftet von den Begierden, die er nicht stillen kann und die ihn umbringen würden. Nein, indem sie so lebt, wie sie lebt, bewahrt sie ihrer beider Liebe vor Bitterkeit und Tod. Sie kann nur so leben: nach zwei Richtungen. Sie ist zwei Menschen, zwei Personen: eine der Leidenschaft und eine der Liebe. So hat Dr. Allendy, ihr Psychotherapeut, vielleicht doch Recht, dass Liebe Leidenschaft und Leidenschaft Liebe ausschließt. Sie weiß nicht, ob das wirklich immer und für alle zutrifft. Aber für sie gilt es in der Tat: dass sie sinnlich-ekstatische Leidenschaft und zärtlich-fürsorgliche Liebe nicht vereinen kann, zumindest nicht im Gefühl für eine Person. Für die eine Person, die nur Hugo sein könnte, denn alles, was sie an Leidenschaft außerhalb des Kreises der Liebe zu ihm erlebt, kann diese Liebe nicht schmälern oder verändern. Sie weiß, dass sie ihn so sehr liebt, wie sie zu lieben vermag; dass er der Einzige ist, der sie auf ewig besitzen wird!

Jean Cocteau
(1889–1963)
und Jean Marais

Zwei Jahre vor dem Krieg bis zwei Jahre danach. Ein Jahrzehnt in abstruser Symmetrie des Schicksals. Schlimmste Entbehrungen und höchstes Glück einer Gemeinsamkeit, die allein den Namen Leben verdient. Jetzt, da sein Jeannot ausgezogen ist, liegt der Schwerpunkt seiner Existenz außerhalb. Außerhalb von allem. Die Welt zerrt an ihm, unerträglich; allein das Opium vermag ihn wieder in sich ruhen zu lassen. Das Opium, durch das die Erinnerungen den Makel der Vergangenheit verlieren. Indem sie nicht nur Gegenwart werden, sondern wirklich, real ...

Das Ebenmaß dieser Züge beschreiben zu wollen, wäre unendlich überheblich, selbst für einen größeren Dichter, als er es ist. Die einzigen Worte, die bleiben: Gott, König, Freund, Geliebter, Engel. Und Sohn! Er liebt ihn so sehr, mehr als alles auf der Welt, dass er sich befehlen muss, ihn nur noch wie ein Vater zu lieben. Nicht weil er ihn weniger liebt, sondern weil er ihn mehr liebt – und möchte, dass er es weiß. So wie er zugleich sein Sohn ist, Vater und Sohn ineins. Freund und Geliebter, Körper und Geist. Eine verbotene Liebe, sagen die Moralisten. Doch wenn er fragt, wer in diesem Band der geheimen Offenbarung verzeichnet ist, liest er die schönsten Namen, die es gibt!

Ein Gedicht verspricht er, und schon schiebt er des Nachts zwei unter der Tür zu Jeannots Zimmer hindurch. Das eine wiederholt, wie sehr er ihn liebt, und das andere, wie sehr er geliebt wird. Das Herz findet die Antwort auf das ewige Rätsel: Er ist Jeannot und Jeannot ist er – sie sind Wir. Und die anderen sind die anderen! Sein Herz schlägt in Jeannots Brust und Jeannots Blut fließt in seinen Adern. Er ist viel weniger allein als die meisten anderen, weil sie beide trotz jeder Entfernung, die sie trennen mag, eins sind. Ist also das Glück eine Kunst? Ja, man kann es lernen. Und erfahren, wie das weiße Blut des Samens die ganze Welt neu belebt! Alles, was sie trennt, vereint sie. Jeannots Versprechen sind in seiner Habe und die seinen in Jeannots. Jede Reise um die Welt ist armselig neben der Reise, die er mit ihm macht. Er liebt ihn jeden Tag mehr, und sein Haus ist dort, wo er lebt: Jeannot!

Das Opium kann durchaus gut sein; es als wohlwollend zu erfahren, hängt vom Benutzer ab. Streng befolgte Maßregeln (nur Rauchen, nie über 10 Pfeifen am Tag,

Hygiene der Leber, ein Zeitpunkt, der den Nachtschlaf nicht schmälert etc.) gestatten den Gebrauch eines Mittels, das nur von Dummköpfen kompromittiert wurde. Gegen alle Gerüchte erlaubt das Opium dem Raucher gerade, seine Dosen nie zu erhöhen. Und nicht nur die Welt, sondern sich selbst aus der Vogelperspektive anzuschauen. Jeder Mensch trägt in sich etwas Eingerolltes, den japanischen Blumen aus Holzspan vergleichbar, die sich im Wasser entfalten. Das Opium spielt die Rolle des Wassers. Jemand, der nicht raucht, lernt unter Umständen niemals die Blumenart kennen, die er aus sich entfalten könnte. Man stelle sich vor, die Erde würde sich ein wenig langsamer drehen, der Mond würde sich ihr ein wenig nähern. Alles, was man im Leben treibt, selbst die Liebe, vollbringt man in einem Expresszug, der dem Tod entgegenrast. Opium rauchen heißt, aus dem fahrenden Zug zu springen, heißt sich mit anderen Dingen befassen als mit Leben und Tod. Der Ventiltor erzeugt keinen Luftzug und bringt das hinter ihm aufgestellte Bild nicht zum Verschwimmen. Trotzdem ist davon abzuraten, den Finger hineinzustecken.

In lockiges Gras gebettet betrachtet er die Säule seines Geliebten. Und wie der Turm von Pisa neigt sie sich leicht. Denn gemäß den Pflanzen, denen Jeannots Geschlecht gleich ist, hebt es sich langsam zu seinem Sonnengesicht empor. Er muss diese Rute besingen, denn nur sie ergreift Besitz von ihm. Sie allein wirft ihn auf die Knie. Mögen andere den Rock preisen, er feiert ihrer beider eigenen Kult. Auf dass die wahnsinnige Sonne ihre goldenen Katarakte ausgieße. Er gleicht jenem Priester des Sonnengottes, der das schlafende Idol zur Schau stellt. Ach, hätte er den Mut, diese Zeilen zur Schau zu stellen, rund um Jeannots Obelisken in der Mitte des Universums.

Ein Schriftsteller will seinen Geist trainieren. Ein solches Training lässt ihm nicht die Zeit, Sport zu treiben. Es verlangt Leiden, Stürze, Trägheiten, Schwächen, Niederlagen, Ermüdungen, Kümmernisse, schlaflose Nächte, kurz, lauter Übungen, die der körperlichen Ertüchtigung entgegenstehen. So hat er auch immer gezeichnet. Schreiben heißt für ihn: zeichnen, Linien so verknüpfen, dass sie Schrift werden, oder sie so entwirren, dass die Schrift zur Zeichnung wird. Wenn er schreibt, versucht er, das Profil einer Idee, eines Vorgangs genau zu umreißen. Mit anderen Worten: Er konturiert Phantome, spürt die Umrisse der Leere auf, also: zeichnet. Und nicht zuletzt die Selbstlosigkeit in ihrer höchsten Ausprägung: der Freundschaft. Freundschaft ist nicht wie die Liebe ein Instinkt, sondern eine Kunst. Freundschaft ist Poesie. Immer schon will er lieber wegen einer Vorliebe des Herzens als wegen einer Doktrin des Kopfes verurteilt werden. Man soll ein lebender Mensch und ein posthumer Künstler sein!

Das Opium, das die Geschwindigkeiten ändert, ermöglicht eine sehr klare Intuition von Welten, die sich übereinander schichten, sich durchdringen und sich nicht einmal gegenseitig beargwöhnen. Das Opium braut Vergangenheit und Zukunft zusammen, bildet daraus ein aktuelles Ganzes. Es ist das Negativ der Leidenschaft. Alkohol bewirkt Anfälle von Irrsinn, Opium bewirkt Anfälle von Weisheit. Also ist er in personam die Lüge, die immer die Wahrheit spricht!

Er gibt ihm sein Schreiben, aber Jeannot gibt ihm alles, lehrt ihn zu leben, alles auf einmal zu leben. Er kann nur die immer wieder neu geschriebene Liebe geben, während Jeannot ihn mit seinem Mund, seinem Schrei beschenkt! Er kann nur um Geduld bitten, bis er zu einem anderen Jean wird, einem, der würdig wäre, dass Jeannot ihn träumt. Wie diese Portraits, auf denen seine Hand ihn vollendet. Am Ende wird er dieser Engel sein und sich ganz zurückziehen, um endlich der zu werden, in den ihn Jeannot verwandelt! Auf dem Weg dahin will er Jeannots Anmut den Fremden in seinen Träumen so erklären, dass sie an dem Unglück sterben, ihrer beraubt zu sein, wenn er erwacht. Er wird den Fremden in seinen Träumen beweisen, dass sie ohne Sonne leben, ohne Liebe, ohne Luft! Er schreibt diese Zeilen bei seinem schlafenden Geliebten. Jeannots goldenes Haar schläft, es schläft sein goldenes Geschlecht, das sich nun wie Alge oder Zweig dem Schlummer überlässt und ein Feuer aus Marmor entfacht, eine Säule aus Gold und Marmor und Feuer. Eine Säule, die sich jetzt, schlafend, an der Wurzel faltet und ein wenig zurückbiegt, nicht Szepter aus kaltem Gold, sondern Zeichen des Herzens, wie es der Moralist nie gekannt!

Einerseits: Was sind schon 24 Jahre Altersunterschied? Andrerseits: Es ist die Hälfte seines Alters, er ist doppelt so alt wie Jeannot, auch wenn das schon im nächsten Jahr nicht mehr völlig stimmt. Aber trotzdem hat er Angst, tödliche Angst, zu viel zu wollen, ihm nicht genug Freiheit zu lassen, ihn zu sehr an sich zu ketten. Zugleich jedoch die Angst, furchtbar zu leiden, wenn sich Jeannot verlieben würde, ohne es zu erzählen – nur um ihn nicht zu verletzen. Er ist sich sicher, Jeannot würde ihm alles erzählen, wenn er ihm seine Freiheit lässt – und das wäre sehr viel weniger traurig, als wenn er auch nur das Geringste verschweigen müsste. Sollte Jeannot jemanden seines Alters treffen, den zu verheimlichen er sich gezwungen fühlen könnte oder den zu lieben er sich nicht erlauben würde – er könnte es sich bis zu seinem Tod nicht verzeihen. Ohne Zweifel ist es besser, auf einen kleinen Teil des eigenen Glücks zu verzichten, dafür aber das Vertrauen des Geliebten zu gewinnen. Und sich tapfer zu bescheiden, sodass sich Jeannot freier fühlen kann als bei jedem nur denkbaren wirklichen Vater. Also ist es völlig in Ordnung, dass er mit jungen Männern seines Alters ausgeht. Aber was ist, wenn die kleine Schar, mit der er sich umgibt, nicht nur in den Augen der Leute eine Clique von seiner nicht würdigen mondänen Schwindlern und faulen Schmarotzern ist, die von seiner Gegenwart erhoben werden, ihn aber erniedrigen? Er kann nur hoffen, dass Jeannot seine Einwände so versteht, wie er sie meint und fühlt: dass er darin auch nicht den geringsten Schatten von Eifersucht, Einsamkeit, Altersbitterkeit oder dergleichen entdecken möge. Sondern mit ihm an die gemeinsame Arbeit denkt, an ihre Pläne, ihre Stücke, ihre Reinheit, ihre gerade Linie!

Er hat nicht gewusst, dass man einen Menschen so lieben kann, wie er seinen Jeannot liebt. Der Gedanke, einen anderen als ihn zu berühren, zärtliche Worte an einen anderen zu richten, ist ihm nichts als widerlich. Zugleich bedeutet aber die Vorstellung, dass Jeannot in den Armen eines anderen liegt oder er einen anderen in seinen Armen hält, Pein, Folter und Verzweiflung. Doch das sind nur die Leiden eines armseligen animalischen Reflexes. Um nichts in der Welt möchte er jenen ‚Anderen' in dem gewöhnlichen, ‚normalen' Leben gleichen, sodass Jeannot ihn für eifersüchtig halten müsste. Also wird er sich an den Gedanken gewöhnen, dass Jeannot mehr Liebe als nur die seine braucht, und darauf bauen, dass er die Güte hat, ihm dafür dankbar zu sein. Er soll keine Hemmungen haben, sich zu nichts zwingen, was auch immer es sein mag, weil Lügen und Geheimniskrämerei noch schlimmer, vollends unerträglich wären. Zugleich jedoch kann er nur bitten, dass Jeannot seinen Schmerz ermessen möge und ihn erträglich macht. Eine Geste, ein Wort, ein Blick von ihm genügt. In den Momenten, wenn er der Liebe Jeannots und damit der Luft zum Atmen beraubt ist, wünscht er sich nur noch, so etwas wie ein Heiliger zu werden. Denn alles andere hieße versagen – und dagegen versucht er sich mit ganzer Kraft zu wehren. Er kann es nur immer wieder sagen: Es geht ihm nur um Jeannots Glück, ihn betet er an! Wenn er des Nachts die Briefe schreibt und seine Zärtlichkeiten unter Jeannots Tür hindurchschiebt, ist sein Glück vollkommen. Niemals wird Jeannot erfahren, wie sehr er gelitten hat. Und er wird ihn nicht um seine kleinen Abenteuer bringen. Sondern Jeannot wird sie ihm erzählen, und sie werden sich in der Liebe wiedervereinigen, in ihrer Liebe, die stärker ist als alles andere!

Auch Jeannot hat bekannt, dass die Arbeit ihrer beider Hauptvergnügen ist. Jedes Arbeiten, selbst das scheinbar getrennteste, ist ein gemeinsames. Wenn Jeannot Rollen einstudiert, gilt das nicht nur für Rollen, die er selbst für ihn geschrieben hat. Und umso mehr, wenn er zeichnet. Es ist immer ein Portrait ihrer Gemeinsamkeit. Ein Portrait, in dem sich ihre Züge in eins verweben. Nach dem Gewitter ihrer Liebe bricht der Sturm los, und der Blitz leuchtet um die schwarze Sonne, die Jeannots Antlitz darstellt. Ohne dieses Leuchten, ohne Jeannots Gegenwart fällt es ihm schwer, zu arbeiten. Er kann nur im Schutz seiner Fittiche schreiben, selbst wenn diese Fittiche weit entfernt sind. Ohne ihn fühlt er sich amputiert. Er lungert herum und träumt, schafft es nicht, zu leben, zu arbeiten. Erst wenn Jeannot ihm zu schreiben befiehlt, wird er zu dem Schlafwandler, der seinem Hypnotiseur gehorcht. Erst dann wird sein Blut zu Tinte!

Jeannot ist die Vollkommenheit selbst! Vollkommen an Natürlichkeit, an Grazie, und die geringsten seiner Gesten sind reine Poesie – das, was er schon immer, schon vor Jeannot als Poesie angesehen hat. Er ist ein Anbeter des Feuers. Des Feuers, das aus Jeannot lodert, das in ihm glüht, das Feuer in seinem göttlichen Schweigen, das Feuer von Königskronen, das ihm erst das Leben geschenkt hat. Durch ihn kennt er nichts anderes als Sonne. Nicht einmal die Apokalypse kann sie noch trennen. Nichts auf der Welt existiert als nur für Jeannot und durch ihn. Er ist an ihm erkrankt, an ihrer Gemeinsamkeit. Was auch passiert, sie sind glücklicher als die anderen, und ihr gemeinsamer Stern beschützt sie. So wie sie übereinander wachen, jeder über und für den anderen. Solange das Schicksal ihnen erlaubt, sich Briefe zu schreiben, wird er glücklich sein. Sein Leben vor Jeannot war so leer, so unnütz. Erst mit ihm hat es begonnen. Er beschränkt sich auf seinen Engel, er atmet nur durch ihn, und nichts, niemand anderes kann ihn von seinem Bild ablenken. Durch ihn ist er zum Leben erweckt. Auf ihm, auf seiner Liebe beruht alles Vertrauen ins Leben. Und nicht einmal der Krieg kann dieses Vertrauen und diese Stärke, die er ihm verdankt, vernichten. Jetzt erst liebt er die Welt, seitdem Jeannots Ausstrahlung und Anmut alles verändert hat. Ohne ihn sind die Dinge nicht mehr schön – er fehlt ihnen!

Warum sollte er nicht eine Hymne auf Brekers Skulpturen schreiben? Nur weil es dort in Deutschland diesen Irren gibt, der vielleicht bloß die Virilität, aber nicht die Ästhetik der gestalteten Körper sieht? Hat er je die Meisterschaft im Detail entdeckt? Wenn man das Bein von hinten auf der Höhe des Knies betrachtet: die Kniekehle, dieses große H, das sich hier abzeichnet, als einer der erregendsten

Anblicke des menschlichen Körpers. Wie es sich schließen kann, um sich dann in der Spannung des aufrechten Gangs zu einem sanften, modellierten Tal zu öffnen. Weich und muskulös, zart und vital zugleich! Das Gesicht des Geistigen im Körperlichen. Die Reinheit einer politischen Revolution kann vierzehn Tage lang anhalten. Der Künstler aber, Revolutionär der Seele, beschränkt sich auf umwälzende Richtungswechsel des Geistigen.

Nachträglich hat Jeannot behauptet, er hätte nur Spaß gemacht. Bei der Antwort auf die Frage, wie die Rolle aussehen sollte, die – wie immer – für ihn im nächsten Stück geplant war. Aber sei es, wie es wolle, er hatte Jeannots in der Tat etwas abstrusen Wunsch mit Bravour erfüllt: Im ersten Akt von *L'aigle à deux têtes* bleibt er stumm, im zweiten darf er vor Freude weinen und im dritten rücklings eine Treppe hinunterstürzen. Wenn es überhaupt nötig war, dieser Sturz ist das Symbol dafür, dass seine Fürsorge für Jeannot keine Grenzen kennt. In jedem Stück, das er schreibt, gibt es eine Rolle für seinen geliebten Engel, in der er brillieren kann. Aber auch hier ist er der eigentlich Beschenkte. Denn die Möglichkeit, etwas zu Jeannots Karriere und Berufsglück beitragen zu können, steigert seine Phantasie, seine Kreativität in ungeahnte Höhen. Jede Szene sieht er konkret vor sich, die Szenen schließen sich zu einem Akt nach dem anderen zusammen, und am Schluss braucht er das fertige Opus nur noch aufzuschreiben, in zehn Tagen oder sogar nur einer Woche. Dass er dafür dann noch die unendliche Bewunderung seines Jeannots erhält, stellt jenen unglaublichen Höhepunkt von Schaffensglück dar, nicht kurz und stoßend, sondern grenzenlos schwebend, während er das Stück von Anfang bis Ende in einem Zug vorliest. Alles, was mit Jeannot zu tun hat, mit ihm in Berührung kommt, entwickelt diese unvorstellbare kreative Vitalisierung für ihn. Selbst Jeannots Hund Moulou, für den er nun eine schöne Rolle in *L'éternel retour* eingebaut hat. Allerdings musste er ihn ein wenig umbenennen: in *Moulouk*. Nun, er wird es verschmerzen können ...

Er kann nur hoffen, dass Jeannot seiner nie endenden Beteuerungen nicht überdrüssig wird. Doch es ist nun einmal so, dass er nur durch ihn lebt, dass außerhalb von Jeannot nichts existiert. Ohne ihn ist er allein auf der Welt! Wenn er, sein innig Geliebter, nicht da ist, sucht er ihn wie ein armer blinder Hund. Wenn er sich erschöpft niederlegt, steht er nach einer Minute wieder auf und sucht ihn woanders. Ohne ihn zu leben ist furchtbar. Wenn er einen Brief von Jeannot erhält, versucht er ihn nach jedem Lesen zu vergessen, damit er ihn wieder ganz neu lesen kann, so schön, so schön! Alles, was er hat, hat er durch Jeannot: Heimat, Mut, Genie, Schalkhaftigkeit, Geduld – nur durch ihn. Was nicht durch ihn ist,

ist bloßes Phantom. Phantom die Natur, die Stadt, alles. Dass der Krieg sie, wenn auch nur räumlich, trennt, ist unerträglich, all die fern voneinander verbrachten Minuten sind die niederdrückendste Last. Seine Gegenwart ist die einzige Sonne, die ihm keinen Schaden zufügt. Sein Leben ist ihm wichtiger als das eigene, und er war verrückt, sich von ihm trennen zu lassen!

Da brauchte es also erst die brachiale Kraft eines Racheengels, dass auch die anderen begreifen, wie anbetungswürdig sein Jeannot ist. Zwar hat er versucht, ihn von dieser Tätlichkeit abzuhalten, aber gerührt ist er selbstredend schon, vor allem, weil Jeannot sich damit nicht zuletzt vor ihn als seinen Geliebten gestellt hat. Zunächst hat alles nach einer ganz normalen Kollaboration ausgesehen, als Laubreaux angekündigt hat, *La machine à ecrire* in der Zeitschrift *Je suis partout* zu verreißen. Ohne das Stück gelesen oder gesehen zu haben selbstverständlich. Vielleicht wäre es daraufhin sogar nur bei dem verbalen Anfall von heiligem Zorn geblieben, mit dem Jeannot angekündigt hatte, Laubreaux eine Tracht Prügel zu verabreichen. Aber als dann die Kritik auch noch persönliche Angriffe auf den sexuellen Lebenswandel des Autors – und damit eben auch auf Jeannot selbst – enthielt, war er nicht mehr zu halten. Obwohl Laubreaux hier eindeutig das Sprachrohr der ‚arischen' Besatzer spielte, vielleicht sogar als Mitglied der Gestapo? Immerhin hat Jeannot als erstes Laubreaux den schweren Spazierstock entrissen und weggeworfen, um ihn dann nur mit Faustschlägen zu traktieren, für jeden seiner unberechtigten Verrisse einen. Und, oh Wunder, am nächsten Tag kam nicht die Gestapo, sondern eine Flut von Dankesbezeugungen. Autoren, Schauspieler, Theaterdirektoren, Publikum, alle bewundern den Mut dieses unbeirrten Racheengels. Wie er selbst, der sich in Zukunft noch mehr bemühen muss, sich seines geliebten Engels würdig zu erweisen …

Immer hat jeder in der Wohnung sein eigenes Reich gehabt. In Paris an der Place de Madeleine die aneinander grenzenden Zimmer, aber auch des Nachts verbunden durch die Briefe, die er unter Jeannots Tür hindurchgeschoben hat. Und im Haus in Milly-la-Foret das zweite Geschoss für Jeannot, das erste für ihn und das Erdgeschoss für alle, einschließlich Moulou/Moulouk. Das Heim ist das Einzige, was ihn in jeder Situation entspannt, weil er es für Jeannot herrichten kann. Alles, was nicht für ihn bestimmt ist, fällt ihm lästig und ermüdet ihn bis in die Seele. Und selbst wenn Jeannot ihn einmal nicht mehr mit denselben liebenden Augen betrachten sollte, er behält ihn als die größte Leidenschaft, als das Geheimnis seines Herzens bei sich, wie er es sich für Jeannot ebenso erhofft. Wenn sie sich verlassen, werden sie sich doch nie verlieren!

II.
Argumente

Rahmen: Ehe/Beziehung
Zentrum: Liebe/Erotik

Vorbemerkung: Struktur der Argumentation

Über die Funktion und den Inhalt von Erotik zu reflektieren, erscheint auf den ersten Blick zumindest merkwürdig, ja tendenziell inadäquat, weil unnötig rationalistisch. Was soll es bringen, sich diesem zutiefst emotional-sinnlichen Phänomen mit argumentativer Analyse zu nähern? Nun, der Sinn dieses Unterfangens erschließt sich aparter Weise erst im Reflektieren selbst: weil alles, was mit Liebe und zwischenmenschlicher Beziehung zu tun hat, eng mit gesellschaftlichen Normen verwoben ist, die ihrerseits wiederum Teil ideologischer Wertsysteme sind. Und damit ist die Gefahr von Verzerrungen gegeben, die gerade auch so sensible, intime Bereiche wie Erotik und Liebe in den Dienst ideologischer Interessen stellen und dadurch von deren existenziellen anthropologischen Möglichkeiten entfernen. Um diese potenzielle Gefahr zu durchschauen und sie gegebenenfalls so weit wie möglich zu neutralisieren, bedarf es der Reflexion. Es geht also weniger um die Frage des ‚Ob', sondern mehr um die des ‚Wie'.

Bezüglich des ‚Wie' stellt sich schnell heraus, dass aus den genannten ideologiekritischen Gründen im 20. Jahrhundert eine beträchtliche Anzahl von reflektierenden Analysen erarbeitet und publiziert worden ist; und zwar zu allen einschlägigen Bereichen von der Ehe über die Beziehung(en) und die Liebe bis zur Erotik. Wenn man Klassiker dieser Analysen und Entwürfe heranzieht, dann lässt sich eine Denkentwicklung erkennen, die im Folgenden nachgezeichnet werden soll, indem immer zwei Werke genauer besprochen werden. Dabei stammt eines, wo es möglich ist, aus der zweiten Hälfte des 20. Jahrhundert, und markiert den Beginn der kritisch-konstruktiven Diskussion; während das andere im ersten Jahrzehnt des 21. Jahrhunderts publiziert worden ist und eine erste Zusammenfassung der bisherigen Argumentation bietet. Eine Ausnahme stellen hier die Bücher zur Beziehungsproblematik dar, weil deren Bearbeitung erst im Ausgang des 20. Jahrhunderts eine eigenständige Dynamik entwickelt hat. Und im Problembereich der Ehe hätte es die ganz frühe Analyse von Bertrand Russell über „Ehe und Moral" verdient gehabt, als Ausgangspunkt der Diskussion aufgenommen zu werden. Doch da die deutsche Fassung nur in einer längst vergriffenen, schwer erreichbaren Publikation vorhanden ist, habe ich stattdessen das ebenfalls immer noch sehr populäre Werk des Ehepaars O'Neill als ‚Big Bang' der konzeptuellen Kontroversen genommen. Dabei ermöglicht es die formale Struktur der Besprechung, einerseits die historischen Verdienste der zentralen Autoren/innen zu würdigen und andererseits in der Kritik über sie hinauszugehen und eine in sich stimmige, schlüssige Argumentationsstruktur bis hin zu einem anthropologisch konstruktiven Verständnis von Erotik als mehrschichtiger Beziehungsemotion zu entwickeln.

Die Reihenfolge der Themen ist der angezielten argumentativen Schlüssigkeit geschuldet, mit den auch institutionell-gesellschaftlich normierten Modellen von Ehe und Beziehung als Rahmenbedingungen für die zentralen, primär personal-individuellen Konzepte der Liebe und Erotik. Auffällig ist, dass dabei dem Thema Sexualität von mir kein eigenes Kapitel gewidmet wird. Dahinter steht eine bewusste Entscheidung und damit eine ausdrückliche Botschaft: nämlich sich von der gängigen Überbewertung der Sexualität für den Themenkreis von Beziehung, Liebe und Erotik zu befreien. Das bedeutet nicht, ihre Rolle unrealistisch zu vernachlässigen oder gar zu verleugnen. Sie wird selbstverständlich in allen vier Kapiteln thematisiert, aber so, dass sie in eine integrative anthropologische Perspektive eingebunden ist. Gerade um dieses Verständnis einer fundierenden, aber nicht überbewerteten Sexualität zu entfalten, ist der folgende umfassende, aufeinander aufbauende Argumentationsgang von Ehe und Beziehung bis zu Liebe und Erotik vonnöten.

Ehe

Nena & George O'Neill: *Die offene Ehe. Konzept für einen neuen Typus der Monogamie* (1975)

Hannelore Schlaffer: *Die intellektuelle Ehe. Der Plan vom Leben als Paar* (2011)

Wer immer sich heute mit der Ehe beschäftigt, kann nicht darüber hinwegsehen, dass sie als Institution zumindest ihre absolut beherrschende Stellung verloren hat. Auch wenn man sie nicht in Bausch und Bogen als überholt erklären will, kann man einen deutlichen Verschleißprozess nicht leugnen. Als Anzeichen dieses Prozesses führt das Ehepaar O'Neill nicht nur die Zahl der Scheidungen, sondern vor allem auch der alternativen Lebensformen an: von Dreiecksverhältnissen über sog. wilde Ehen (ohne Trauschein), Patchwork-Familien und alleinerziehende Eltern bis zu Allein-Lebenden (Singles; mit wechselnden Beziehungen). Zugleich lebt aber die traditionelle Vorstellung der Ehe als Monogamie (Einehe) mit lebenslang emotionaler Verbundenheit in den Köpfen der Menschen fort, wie man an der mittlerweile fast zum Standardmodell gewordenen seriellen Monogamie sehen kann. Wenn es mit der lebenslangen Liebe nicht klappt, suchen die Menschen die ‚Schuld' eher bei sich bzw. dem Schicksal, das ihnen noch nicht den richtigen Partner beschert hat, jedoch kaum bei der Struktur dieser Institution, die von der Gesellschaft immer noch als Blaupause des ‚richtigen Lebens' vorausgesetzt und propagiert wird. Folglich versuchen es die Gescheiterten wieder und wieder, gegebenenfalls nicht nur zum zweiten, sondern auch zum dritten, vierten etc. Mal, ohne zu merken, dass es die Institution ist, die einfach nicht mehr in die heutige, hochkomplexe Gesellschaftsstruktur hineinpasst. Deshalb besteht die eigentliche Aufgabe, so die These der O'Neills, darin, „die Ehe von altmodischen Idealen und romantischen Gefühlsduseleien zu befreien und Wege zu finden, sie unserer Zeit anzupassen" (S. 15).

Um dieses Ziel zu erreichen, gehen sie zunächst zurück ins Viktorianische Zeitalter, in der sich die patriarchalische Struktur der Ehe-Institution entwickelt und verfestigt hat. Eine Struktur, die der Frau eigene sexuelle Bedürfnisse verbietet, sie in der Rolle der Ehefrau und Mutter völlig ans Haus bindet, Lebenssinn und -erfüllung ausschließlich in der Sorge für Ehemann und Nachwuchs zulässt und eine hierarchische Rollenverteilung festschreibt mit der Frau als untergeordnetem Teil eines sich selbst genügenden (romantisch) liebenden Paares. Mit der Heirat unterschreibt (auch) die Frau daher de facto eine Art Vertrag, die durch folgende Anforderungen gekennzeichnet ist (S. 33/44): Besitz des Partners; Selbstverleugnung, Auftreten nur als Paar; starre (hierarchische) Rollenverteilung; absolute (sexuelle) Treue; völlige Ausschließlichkeit.

Diese Anforderungen stehen aber im Konflikt mit der heute grundsätzlich demokratisch ausgerichteten Gesellschaftsstruktur und wirken daher nach der Analyse der O'Neills unvermeidbar beziehungsgefährdend, ja -zerstörend. Der traditionelle Ehevertrag trägt den Keim des Scheiterns bereits vom Grundansatz her in sich und sollte daher durch ein anderes, konstruktives Modell ersetzt werden. Als ein solches Alternativ-Modell entwirft das Ehepaar O'Neill das Konzept der „offenen Ehe". Ein Konzept, das nicht zuletzt die Ungerechtigkeiten der traditionellen Monogamie hinter sich lassen soll, also von einer Gleichberechtigung der Partner ausgeht und die eine Persönlichkeitsentwicklung verhindernden Merkmale der Selbstverleugnung, Ausschließlichkeit sowie Besitz/Treue aufgibt. Es resultiert ein neuer, partnerschaftlicher Vertrag mit den Merkmalen (S. 24f./44): unabhängiges Leben; persönliche Entwicklung; individuelle Freiheit; flexible Rollenverteilung; gegenseitiges Vertrauen; vertiefte Beziehung durch Öffnung nach außen.

Gerade eine solche „offene Ehe" realisiert sich aber nicht von selbst, sondern muss erarbeitet werden. Dazu stellen die Autoren acht Richtlinien vor, die sie explizit nicht als Regeln – etwa im Sinn von Kochbuch-Rezepten – verstanden wissen wollen. Im Prinzip handelt es sich um Zielideen, die wahrscheinlich nie vollständig erreicht werden, um deren Verwirklichung man sich aber trotzdem immer wieder bemühen muss. Als erste Zielidee wird das Aufgeben unrealistischer Erwartungen angeführt. Die traditionelle Ehe enthält zum einen das unrealistische Versprechen, dass die Institution als solche bereits eine lebenslange Sicherheit garantiert; und zum anderen, dass der jeweilige Partner „alle […] Bedürfnisse in wirtschaftlicher, physischer, sexueller, intellektueller und emotionaler Hinsicht erfüllen kann" (S. 51). Das Aufgeben dieser überzogenen Erwartungen gesteht vor allem jeder Person je spezifische Bedürfnisse, Werthaltungen und Entwicklungsverläufe zu, was einerseits auch Interaktionen und Beziehungen außerhalb der Ehe umfasst und andererseits das Zusammenbleiben nicht an die Institution, sondern an die (mögliche) gemeinsame Entwicklung knüpft. Letztlich ist damit der Ausgangspunkt benannt, von dem aus sich die weiteren Zielideen mehr oder minder zwingend ergeben. Das betrifft zunächst einmal das (zweite) Ziel des Eigenlebens,

d. h. jeder Ehepartner braucht Freiräume für sich selbst, sowohl im Sinne von Privatheit/Alleinsein als auch von eigenen Interessen, Freundschaften etc. Das bedeutet zweifellos auch eine mögliche Quelle von Verunsicherung, die nach O'Neill & O'Neill aber durch eine offene und ehrliche Kommunikation (dritte Zielidee) beherrscht werden kann. Sie umfasst zum einen die wortlose, körperlich-sinnliche Kommunikation, mit der sich die Partner ihre Zuneigung versichern; zum anderen aber vor allem auch die sprachlich-verbale Kommunikation, mit der sie sich gegenseitig ihr Selbstbild offenlegen ('Selbstenthüllung'). Das setzt natürlich voraus, dass man zuvor – realistisch – über sich selbst reflektiert hat und im Kommunikationsprozess selbst zum Zuhören wie zum offenen, aber situationssensiblen Feedback fähig ist. Und nicht zuletzt sind auch die Fähigkeit zur konstruktiven Auseinandersetzung und das Sprechen über Lebensträume bzw. -pläne unverzichtbar. Es geht also um eine Kommunikation zwischen Gleichberechtigten, die zudem in eine flexible Rollenverteilung eingebunden ist (vierte Ziel-idee); wobei Flexibilität in erster Linie das Aufbrechen der Stereotype ‚männlich – weiblich' bedeutet, gerade auch im Hinblick auf den Status der von den Eheleuten zu übernehmenden Tätigkeiten.

Die dahinterstehende Idee der Gleichberechtigung (hier weiche ich in der Reihenfolge von O'Neill & O'Neill ab, weil die Problematik durch eine veränderte Sequenz deutlicher erkennbar wird) ist (fünftens) nicht in Form einer mechanisch starren Aufteilung von Pflichten zu realisieren, sondern meint Ebenbürtigkeit der Entwicklungsmöglichkeiten und besonders Gemeinsamkeit im Bemühen um die Paar-Bindung. Das setzt (sechstens) die Entwicklung einer je eigenen Identität voraus, was auf jeden Fall gegenseitige Abhängigkeit (historisch zumeist die Abhängigkeit der Frau vom Mann) verbietet; das heißt, die Partner sollten sich gegenseitig so akzeptieren, wie sie sind – also statt Energie in Änderungsversuchen zu vergeuden, lieber sinnvolle Lebensziele entwickeln (eine Lebensphilosophie, wie die Humanistische Psychologe das nennt); und zwar durchaus selbstständig jeder für sich. Daraus folgt weiterhin, dass die (eheliche) Gemeinschaft offen bleiben muss (siebte Zielidee), d. h. die Partner können und sollen ihren eigenen Bekannten- und Freundeskreis (bei-)behalten bzw. ausbauen: vor allem auch ohne Beschränkung der Geschlechterzugehörigkeit. Die Ausschließlichkeitsmaxime der traditionellen Ehe ist aufzugeben, im Prinzip auf allen Dimensionen, von der berufsbedingten Bekanntschaft über intensive freundschaftliche Beziehungen bis zu sexueller Zuneigung. Eine Gefährdung der ehelichen Partnerschaft ist dadurch nach O'Neill & O'Neill nicht gegeben, wenn zwischen den Partnern offenes Vertrauen herrscht (achte Zielidee) – im Gegensatz zum ‚statischen Vertrauen' in der traditionellen Ehe, das auf erwartbares Verhalten (von ausschließlicher, vor allem sexueller Treue) ausgerichtet ist. Demgegenüber teilt das offene Vertrauen in völliger Aufrichtigkeit alle Entwicklungen, Wünsche und Handlungen mit, auch wenn sie für den Partner schmerzhaft sein mögen. Aber der Schmerz wird vom gegenseitigen Vertrauen und Glauben aneinander übertroffen, sodass schlussendlich die eheliche Gemeinschaft nur vertieft und gefestigt aus allen potenziellen Gefährdungen hervorgeht.

Das Modell der offenen Ehe unterstellt, dass die traditionelle monogame Ehe-Konzeption mit der Vorstellung einer lebenslangen romantischen Leidenschaft in ausschließlicher Gemeinsamkeit eine unerfüllbare Überforderung darstellt. An dieser Stelle ist allerdings kritisch zu fragen, ob die skizzierten Zielideen der offenen Ehe wirklich so eindeutig realistischer sind. Das betrifft vor allem die These, dass ‚Außenkontakte' keine Gefährdung darstellen, wenn und weil das Vertrauen der Ehepartner untereinander stärker ist. In den Worten von O'Neill & O'Neill: Es „stellt die Einbeziehung der Außenkontakte weder ein Risiko noch eine Bedrohung dar, wenn in der primären Beziehung zwischen den Ehepartnern die erforderliche Aufrichtigkeit herrscht" (S. 96). Und das gleichzeitig zu der Anforderung, dass man auch „auf das Wohl der Außenkontaktperson bedacht ist und darauf achtet, daß die Beziehung auch für sie ein Gewinn ist" (S. 95). Wieso soll es dann automatisch ausgeschlossen sein, dass sich dieser Gewinn als größer erweist im Vergleich zu der „primären Beziehung"? Das Autorenteam spürt ersichtlich auch selbst diese intuitive Unplausibilität, denn in den letzten beiden Kapiteln ihres Buches versuchen sie, genau diese Spannung zwischen umfassenden (auch sexuellen) „Außenkontakten" und der trotzdem ungefährdeten „primären Partnerschaft" aufzulösen.

Dazu arbeiten sie zunächst (noch einmal) heraus, dass das Konzept der romantischen Liebe, soweit und weil es mit der Vorstellung sexueller Ausschließlichkeit verbunden ist, eine begrenzte Liebe darstellt. Deren Voraussetzung ist, dass man jeweils nur einen Menschen lieben kann; und Monogamie wird in diesem Sinn nicht nur als Ein-Ehe, sondern (auch) als Ein-Liebe verstanden. Das sei aber doppelt falsch. Erstens kann man mehrere Menschen gleichzeitig lieben, und zweitens heißt Monogamie nur, dass man mit einem Menschen *verheiratet* ist. Daraus resultiert die Zielsetzung, zu zeigen, „wie Monogamie mit der offenen Ehe gleichgesetzt werden kann" (S. 137). Dies geschieht vor allem durch ein neues Verständnis von Treue. Die traditionelle Vorstellung der sexuellen Treue basiert auf einem – unsinnigen – Besitzstreben; unsinnig, weil man Menschen sowieso nicht besitzen kann. Dem ist ein Konzept von Treue entgegenzuhalten, das sich auf gemeinsame Selbstentdeckung und Persönlichkeitsentwicklung bezieht. Liebe besteht dann nicht mehr nur bzw. hauptsächlich aus Leidenschaft, sondern umfasst genauso zentral Sympathie und emotionale Intelligenz, mit der man sich und den Partner erkennt sowie weiterbringt. Außereheliche Beziehungen (auch sexueller Art) stellen dann keine Gefahr dar, sondern einen Ausgangspunkt für die „Erzeugung weiteren Wachstums" (S. 150). Alle Lebenserfahrung außerhalb der (offenen) Ehe wird auf diese Weise zu einer den Zusammenhalt fördernden Energie, zur Synergie einer sich immer weiter entwickelnden Spirale von existenziellem Wachstum (S. 151f.).

So sehr auch die Kritik am traditionellen (sexuellen) Treue-Konzept berechtigt und die Entwicklung einer alternativen Treue-Idee zu begrüßen ist, die These, dass dadurch die monogame Ehe-Partnerschaft quasi automatisch aufrechterhalten bleibt und stabilisiert wird, verbleibt auf dem Status einer Behauptungswiederholung, ohne dass wirklich substanzielle Begründungen gegeben werden, wie diese Stabilisierung funktionieren soll. Wenn man die Offenheit auf der Beziehungsebene mit dem Modell der monogamen Ehe verbinden will, führt das (zumindest) zu zwei ungeklärten Fragen, nämlich: Gibt es Grenzen für die offenen, d. h. außerehelichen, Beziehungen bzw. wie sind sie auch und gerade in Relation zur „primären Beziehung" zu gestalten? Und: Wie sieht die – konstruktive – Rolle der sozialen, emotionalen Intelligenz in Entwurf, Realisierung und Entwicklung der Paar-Beziehung konkret aus?

Das sind nun exakt die Fragen, die die Germanistin Hannelore Schlaffer in ihrem mehr als 30 Jahre später erschienenen Buch „Die intellektuelle Ehe" behandelt. Unter einer ‚intellektuellen Ehe' versteht sie das Konzept einer Paar-Beziehung, die einen rational begründeten (Lebens-)Entwurf umfasst (S. 8). Dieser Entwurf zielt die utopische Verbindung von sexueller Freiheit und Dauer der Liebe an (S. 10). Das setzt die Gleichberechtigung der Partner, also von Mann und Frau, voraus, was eine Emanzipationsdynamik enthält, zunächst einmal vor allem für die Frau: Denn das traditionelle Konzept der Liebesheirat und Liebesehe „setzte für die Frau das Paradox einer freien Entscheidung zur Unterwerfung voraus." (S. 18)

Die intellektuelle Ehe, die sich in der weitestgehenden Konzentration auf sich selbst von allen gesellschaftlichen Traditionen und Konventionen frei macht, wird also „von zwei männlichen Geistern geschlossen, von denen der eine weiblichen Geschlechts ist" (S. 21).

Möglichkeiten und Grenzen dieses Konzepts versucht Schlaffer auszuloten, indem sie auf prominente historische Beispiele als Material zurückgreift wie auch auf die Bearbeitung dieses und ähnlicher Entwürfe in der fiktional-belletristischen sowie essayistischen Literatur.

Das erste bemerkenswerte Beispiel ist die „Gefährtenehe" zwischen dem berühmten Soziologie-Professor Max Weber und seiner Frau Marianne. Vom Grundansatz war damit eine geistige Gleichberechtigung bzw. Ebenbürtigkeit der Eheleute gemeint, die sich allerdings im Rahmen der Gesellschaftsstrukturen des frühen 20. Jahrhunderts zunächst nur darin zeigen konnte, dass Marianne als Gasthörerin an den Vorlesungen ihres Mannes teilnahm – für die damalige traditionelle Gesellschaft in Heidelberg durchaus bereits ein erheblicher Affront. Jedoch ging die Gleichberechtigung nicht so weit, dass die Ehefrau ihrem Mann auf dem Gebiet der (umfassenden) wissenschaftlichen Soziologie Konkurrenz machte, vielmehr konzentrierte sie sich bei ihrer intellektuellen Arbeit gerade auf die Konzipierung der partnerschaftlichen „Gefährtenehe", die sie in ihrem Buch *Idee der Ehe* ausgearbeitet hat. Darin propagiert sie eine eher freundschaftliche Liebesbeziehung zwischen den Ehepartnern, von der aus die romantische Liebe höchstens als eine Vorstufe zur gleichberechtigten intellektuellen Ehe anzusehen ist (S. 17f.). Allerdings wird dadurch Geistigkeit als Kontrapart von Emotionalität eingeführt und „Askese als Nobilitierung von Leidenschaft" ausgegeben (S. 41). Das macht für eine Verunsicherung durch (leidenschaftliche) Emotionen anfällig, wie es sich denn auch prompt im Kontakt mit dem Sozialrevolutionär Otto Gross zeigte. Gross interpretierte die Psychoanalyse so, dass daraus ein sexualrevolutionärer Kampf gegen die Institution der Ehe resultierte, den er nicht nur argumentativ propagierte, sondern auch programmatisch lebte: indem er mit erotischer Freiheit ohne moralische Verantwortung gerade auch in konventionelle Ehen einbrach (S. 45ff.). Schlaffer zeichnet die verschlungenen Wege nach, wie durch diesen Einfluss Else Jaffé, die erste Schülerin und Doktorandin Max Webers, zugleich die engste Freundin von Marianne Weber, im Jahr 1919 (also ein Jahr vor Webers Tod) zur Geliebten ihres vormaligen Doktorvaters wird. Und an seinem Todesbett „wachten zwei Frauen, Marianne Weber und Else Jaffé, die Ehefrau und die

Geliebte. Die letzte Zuwendung des Sterbenden galt nicht der Ehefrau, sondern der Geliebten" (S. 46). So gelingt der „Gefährtenehe" schlussendlich nicht die angestrebte Verbindung von Offenheit und Dauer, von Eheskepsis und aufrecht erhaltenem Glauben an die Institution (S. 48f.). Dieser Glaube ist eben doch brüchig geworden, was sich im überzogenen Pathos der Sprache offenbart (S. 58ff.), sei es in der Sprache über sexuelle Leidenschaft oder über die Frau als Lebensspenderin bzw. die neue, revolutionäre Rollenverteilung. Dieses Pathos stellt letztlich nur den verschleiernden Überbau zur eigentlichen Dynamik dar, nämlich der Befreiung des Mannes aus den Fesseln der bürgerlichen Ehe (S. 66). Sowohl in Bezug auf die Theorie als auch die Praxis kann man die „Gefährtenehe" also höchstens als „halben Fortschritt" (S. 70) bezeichnen, der insbesondere das Problem der sexuellen Offenheit eher verleugnet als konstruktiv einbezieht und bearbeitet.

Diesbezüglich ist das zweite prominente Beispiel, das Schlaffer vorstellt, eindeutig als Gegenpol einzuordnen: nämlich die „wilde Ehe" zwischen Jean Paul Sartre und Simone de Beauvoir. Die beiden konterkarierten ganz bewusst und demonstrativ alle konventionellen Merkmale einer bürgerlichen Ehe. So hatten sie nie eine gemeinsame Wohnung, blieben zeitlebens beim ‚Sie' als Anrede und ließen sexuelle Außenbeziehungen nicht nur zu, sondern zelebrierten sie förmlich – vor allem auch öffentlich. Das führte nicht zuletzt zu Dreiecksverhältnissen, Trio genannt, in denen alle Beteiligten sexuelle Beziehungen miteinander hatten und lebten. Bei drei Personen ist aber unvermeidbar ein Geschlecht in der Überzahl und muss damit auch eine homophile Beziehung eingehen. In diesem Fall war das Simone de Beauvoir, die auch außerhalb dieser öffentlichen Dreiecksrelationen lesbische Freundschaften pflegte. Das Entscheidende allerdings war die völlige Offenheit, mit der sich die Partner über ihre sexuellen Relationen und auch Aktivitäten austauschten, wobei dieser Austausch insbesondere zwischen Sartre und Beauvoir über die jeweils Dritten geschah. Damit war jedoch vorgezeichnet, dass diese Dritten häufig nicht als gleichberechtigte Partner behandelt wurden, sondern eher ein Opfer auf dem Altar der (vermeintlich) utopischen Beziehungskonzeption waren (S. 101ff.). Dass auch Sartre und Beauvoir selbst auf diese Weise in ihrem Lebensglück zumindest eingeschränkt waren, lässt sich unschwer aus ihren Tagebuchaufzeichnungen und autobiographischen Schriften entnehmen (S. 104ff.). So erweist sich die Utopie einer Partnerschaft mit völliger sexueller Freiheit letztlich als eine Ideologie, in der die ‚Freiheit' zum Zwang mutiert (S. 119f.), einem Zwang, der alle Beteiligten in ihrer Liebesfähigkeit beschädigt.

Daher bleibt die Suche nach der konstruktiven (gleichberechtigten!) Verbindung von Körper und Geist in einer „intellektuellen Ehe" auch nach den Beispielen von Marianne und Max Weber sowie Beauvoir und Sartre weiterhin eine offene Utopie-Frage. Auf der Suche nach einer Antwort auf diese Frage konsultiert Schlaffer die literarischen Entwürfe der letzten beiden Jahrhunderte. Dabei stellt sie fest, dass sich die einschlägigen Ehebruchs- und Ehestiftungsromane nur in der Kritik an der tradierten Ehe-Institution erschöpfen, aber keine konstruktiven Zukunftsperspektiven entwickeln (S. 121–131). Substanzielle utopische Kraft schreibt sie dagegen Friedrich Schlegels Roman *Lucinde* (1799) zu, den sie als eine Verteidigung seiner Schwägerin Caroline (Ehefrau des Bruders August Wilhelm) interpretiert, mit der ihn eine „passionierte Liebe" verband (S. 136). In diesem Roman wird ein Gleichgewicht zwischen Sinnlichkeit und Intelligenz entworfen, was sexuelle Freiheit einschließt und die Liebe „als Intensität auf Zeit, nicht als Verpflichtung auf Dauer" (S. 144) versteht. Dementsprechend gibt es fließende Übergänge zu Freundschaften in Form eheähnlicher Liebesbeziehungen. Eine vergleichbare Utopie entdeckt Schlaffer im Roman *Was tun?* (von 1863) des russischen Sozialrevolutionärs Tschernyschewski. Hier verzichtet ein revolutionärer Mann auf die geliebte Frau, damit sie den Mann heiraten kann, den sie mehr liebt. Die romantische Leidenschaft wird nicht mit der Vorstellung einer lebenslangen Dauer innerhalb des ehelichen Zusammenlebens überfordert. Stattdessen führt Tschernyschewski „den Begriff der Zärtlichkeit ein, einer körperlichen Nähe, die [...] nicht den praktischen Alltag unterbricht" (S. 157). Sie ist als „herabgestimmte Liebe und gebändigte Sexualität" alltags- und ehetauglich (ebda.).

Diese literarisch-utopischen Modelle einer konstruktiven, gleichgewichtigen Verbindung von Sinnlichkeit und Intellektualität, letztlich von Körper und Geist, von Offenheit und Bindung, verbleiben aber bisher im Reich der Fiktion. Ihre Realisierung im konkreten Leben ist bislang noch nicht gelungen, zumindest nicht im öffentlich sichtbaren Raum. Das gilt auch für das dritte Beispiel, das Schlaffer noch kurz diskutiert, nämlich die von inhaltlichen (Theater-)Projekten dominierten Beziehungen Bertold Brechts. Besonders die (dauerhafte) Verbindung von Helene Weigel und Brecht macht deutlich, dass hier das gemeinsame Projekt als „dritte Sache" (S. 165) die Hauptsache ist, während die Liebe davon abhängige Nebensache bleibt. Das garantiert zwar der Frau eine intellektuelle Funktion in der Partnerschaft, lässt aber alles andere in rücksichtsloser Konzentration auf das Sach-Projekt untergehen. Dass einer der Partner in eine Opferrolle gedrängt wird, scheint noch am ehesten bei homo- bzw. eigentlich bisexuellen Paaren vermeidbar zu sein, wofür Schlaffer das Ehepaar Vita Sackville-West und Harold Nicholson als Paradigma anführt (S. 179): „Da beide Partner homosexuell waren, verbanden sie in ihrer Ehe die treue Freundschaft mit untreuen Liebschaften." Gegen Schlaffers Beifall ist aber darauf hinzuweisen, dass die ursprüngliche Fragestellung eine andere war, nämlich wie sexuell-liebende Bindung mit gleichzeitiger Beziehungsoffenheit zu vereinbaren ist.

So kommt denn auch Schlaffer am Schluss zu dem Fazit, dass die ‚intellektuelle Ehe' einen letzten, jedoch nicht erfolgreichen Versuch darstellt, „die Hoffnung auf eine dauerhafte Zweierbeziehung unter modernen Verhältnissen einzurichten" (S. 197). „Die intellektuelle Ehe ist in die serielle Monogamie übergegangen." (S. 199) Damit schließt sich der Kreis: Was am Anfang den Anlass bildete, nach einem Weg zu suchen, die Ehe „unserer Zeit anzupassen" (s. o. O'Neill & O'Neill, S. 15), stellt am Ende den Beleg dafür dar, dass dieser Versuch nicht gelungen ist. Die Notwendigkeit des Versuchs wird durch die Fülle der zumindest in der sprachlichen Benennung neuen Lebensformen deutlich, von Lebensgefährte/in bis zu Zeit-, Spagat- oder Wochenendehe (S. 207). In der historischen Situation, da die alte Institution (der Ehe) ihre Versprechen nicht mehr erfüllt und die bisherigen Experimente nicht erfolgreich waren, wird „das Experiment selbst [...] zum Lebensstil" (S. 208).

Was ist die Konsequenz? Ersichtlich ist das richtige Leben (und Lieben) in der falschen Institution schon theoretisch schwierig zu konzipieren – und noch schwieriger praktisch zu realisieren! Zumindest wissen wir aber jetzt, wie es nicht funktioniert: Absolut aufrichtige Kommunikation über „Außenbeziehungen" führt nicht automatisch zu einer Vertiefung und Stabilisierung der „primären" (Ehe-)Beziehung. Wenn man wirklich auch den Außenbeziehungen die gleichen existenziellen Entwicklungschancen einräumt, können sie sich eben letztlich als substanzieller erweisen im Vergleich zu der ursprünglichen (primären) „Innen-Beziehung"! Das Beispiel Sartre-Beauvoir zeigt, dass sich deren Stabilität zwar erreichen lässt, wenn man die jeweils „Dritten" nur als Staffage für das „Kunstwerk" der „primären" Partnerschaft einsetzt – was aber letztlich nicht nur dieses Opfer, sondern auch die eigene Liebesfähigkeit beschädigt. Gleiches gilt parallel für die Variante, dass das „Dritte" aus einem gemeinsamen inhaltlichen Projekt (Beispiel Brecht-Weigel) besteht, wodurch jedoch ebenfalls keine gleichberechtigte emotionale (Liebes-)Beziehung entsteht. Und die Vermeidung sexueller Offenheit in der „Gefährtenehe" (Beispiel Marianne und Max Weber) stellt eine Leugnung dar, die eine strukturelle Labilität zur Folge hat. Also wieder zurück zum Anfang? Nein, nicht ganz, es gibt zwei Konsequenzen, die auf den ersten Blick nicht besonders revolutionär aussehen, letztlich aber doch ein erhebliches Veränderungspotential enthalten. Erstens bedeutet das Diktum vom „Experiment als Lebensstil" die Einsicht, dass innerhalb der heutigen Komplexität von Gesellschaft und individuellem Lebensverlauf die Partnerschaft auf einer bewussten Entscheidung beruhen sollte – und zwar auch über die Form der Partnerschaft, nicht nur in Bezug auf die Person der/s Partners/in. Und zweitens sprechen die intellektuell und lebenspraktisch wahrlich höchst engagierten und dennoch erfolglosen Versuche, die Institution der Ehe an die veränderten historischen Bedingungen anzupassen, dafür, bei der Suche nach der adäquaten Form der Partnerschaft nicht innerhalb der Ehe-Institution zu verharren, sondern sie auch auf den Bereich außerhalb dieser Institution auszuweiten. Also die generelle Frage nach möglichen Beziehungskonzepten zu stellen!

Beziehung

Oliver Schott: *Lob der offenen Beziehung. Über Liebe, Sex, Vernunft und Glück* (2010)

Thomas Schroedter & Christina Vetter: *Polyamory. Eine Erinnerung* (2010)

Oliver Schott geht das Problem der Beziehungs-Konzeption von einem (sozial-) philosophischen Ansatzpunkt aus an. Das heißt, genau genommen treibt er Ideologiekritik, indem er Denk- und Sprachgewohnheiten auf ihre Rationalität bzw. vor allem Irrationalität hin untersucht. Damit nutzt er die Tradition der Analytischen Philosophie, die über die Sprachanalyse konzeptuelle Unklarheiten, Verzerrungen und eingeschliffene Irrtümer des Denkens offenlegt. Ein Beispiel ist (in unserer Kultur) die Sprachgewohnheit, als Gegenbegriff zur ‚offenen Beziehung' von einer ‚festen Beziehung' zu sprechen (S. 10), wodurch der offenen Beziehung automatisch „Unverbindlichkeit, Beliebigkeit und Unbeständigkeit" zugeschrieben werden (ebda.). Darin kommt zum Ausdruck, dass die monogame Beziehung als Selbstverständlichkeit gilt, als „sozialer Naturzustand" (S. 8), der für die meisten völlig unbefragt die gesellschaftliche Norm darstellt. Die Misere besteht also nicht darin, dass sich „so viele für die Monogamie entscheiden", sondern dass es „*so wenige* […] tun" (S. 9). Es sind so wenige, weil eine Entscheidung aus einer bewussten Wahl zwischen Alternativen besteht – und gerade diese Wahl wird zumeist schon deshalb nicht getroffen, weil es gar kein Bewusstsein möglicher Alternativen gibt. Das zu ändern, ist das zentrale Ziel der philosophischen Argumentation von Schott.

Dazu setzt er, wie skizziert, an der Kritik des Denkens an. Damit ein auf diese Weise gegebenenfalls verändertes Denken aber auch handlungswirksam werden kann, braucht es die Verbindung des Denkens mit dem Fühlen. Und hier wird im Alltagsdenken oft ein (neoromantischer) Widerspruch zwischen Vernunft und Gefühl unterstellt. Bei Beziehungen, vor allem bei solchen, für die Liebe als konstitutiv angesetzt wird, kommt es danach auf das Gefühl, nicht auf die Vernunft an. Diese Überhöhung des Konzepts der ‚romantischen Liebe' führt sich jedoch selbst ad absurdum, wenn man die Vielzahl der gescheiterten (Liebes-)Beziehungen berücksichtigt. Denn was „hilft ein Gefühl, welches regelmäßig an der Praxis scheitert und die Beteiligten nur unglücklich macht?" (S. 32) Das bedeutet nicht, dass man jetzt das Misstrauen gegen die Vernunft durch ein Misstrauen gegen das Gefühl ersetzen sollte. Worum es vielmehr geht, ist die konstruktive Verbindung beider. „Um auf [...] Gefühle hören zu können, muss man sie verstehen und deuten." (S. 33) Dabei muss man allerdings zugestehen, dass es relativ leichter (wenn auch absolut schwer genug) ist, das Denken zu ändern – im Vergleich zu den Gefühlen, die noch einmal deutlich mehr Beharrungskraft aufweisen. Insofern erfordert es ein gerüttelt Maß an Arbeit an sich selbst, denkerische Einsichten über die Einbeziehung des Gefühls auch in Handeln umzusetzen. Doch auch hier geht es um die Verbindung, nämlich „auf [...] *Gefühle* achten und sich alle Mühe geben, mit diesen Gefühlen *vernünftig* umzugehen" (S. 40). Das ist der anthropologische Grundansatz, in dessen Rahmen Schott seine Argumentation verorten sehen will.

Als erstes weist auch er auf das doppelte Maß hin, das bei der Bewertung von gescheiterten Beziehungen üblich ist. Scheitert eine monogame Beziehung, wird in der Regel nicht das Beziehungsmodell verantwortlich gemacht, sondern die Beziehungsfähigkeit der Beteiligten in Frage gestellt. Andersherum bei einer offenen Beziehung, hier spricht jedes Scheitern dafür, dass ein solches Beziehungskonzept eben „nicht funktioniert" (S. 23). Dahinter steht der gängige Mechanismus ideologischer Systeme, überholte Modell-Konstruktionen gegen Kritik abzuschirmen, indem sie als Tatsachen ausgegeben werden. In diesem Fall geht es um Normen und Regeln für Liebesbeziehungen, die als Beschreibung eines – nicht veränderbaren – Naturzustands daherkommen (S. 47ff.). Dazu gehört bei der Verteidigung des Monogamie-Modells in erster Linie die Behauptung, dass man nicht mehrere Menschen gleichzeitig lieben kann (S. 50). Da diese These sozusagen als oberstes Axiom eingeführt wird, folgt daraus, dass es sich bei – scheinbarer – Liebe zu mehr als einem Menschen auf jeden Fall nicht um „wahre Liebe" handeln kann (ebda.) und man sich unvermeidbar für *ein* ‚Liebesobjekt' entscheiden muss (S. 51). Diese Entscheidung umfasst dann auch die Ausschließlichkeit der Beziehung in seelischer wie körperlicher Hinsicht, d. h. die Anforderung der ‚sexuellen Treue'. Es resultiert folglich ein Verbot von psychischer und physischer ‚Untreue'.

Damit weist das Beziehungsmodell der Monogamie(-Ehe) allerdings eine durchgehende, seine Berechtigung erschütternde Widersprüchlichkeit auf. Formal gesprochen: Ein Verbot stellt eine Norm (Präskription) dar, obwohl es sich angeblich bei der emotionalen Ausschließlichkeit nur um die Beschreibung (Deskription) einer Tatsache handelt. Inhaltlich gesprochen: „Wenn es unmöglich ist, mehrere Menschen zugleich zu lieben, braucht man es nicht zu verbieten. Wenn es aber möglich ist, warum sollte man es dann verbieten?" (S. 85) Sobald die ideologische Vorspiegelung der emotionalen Ausschließlichkeit (Exklusivität) durchschaut und damit gefallen ist, fällt das ganze Gebäude des Monogamie-Modells in sich zusammen, werden seine unbegründeten und unrealistischen Anforderungen sowie Konsequenzen deutlich. Das betrifft zunächst das über allem stehende Axiom der Unfähigkeit, mehr als einen Menschen zu lieben. Abgesehen von dem Monogamie-Fall geht man sehr wohl davon aus, dass mehrere ‚Lieben' möglich, ja sogar erwünscht sind: z. B. zu Kindern, Eltern, Freunden (S. 50). Die Behauptung, dass man unreif und beziehungsunfähig ist, wenn man mehr als eine Person liebt, ist bei unverstelltem Blick völlig unplausibel (S. 52), sie erscheint uns nur aus Gewöhnung an die skizzierten, verzerrenden Unterstellungen des Monogamie-Konzepts sinnvoll. Denn eigentlich muss man ja davon ausgehen, dass, wer mehr als eine Beziehung zu führen in der Lage ist, über eine „höhere und nicht geringere Beziehungsfähigkeit" verfügt (ebda.). Die Monogamie erweist sich dann als „ein Arrangement zur Verhinderung von Liebe!" (ebda.)

Doch auch die mit der unrealistischen Ausschließlichkeitsbehauptung verbundenen Konsequenzen sind bei näherer Analyse weder schlüssig noch realistisch. So könnte man als Verteidigung der sexuellen ‚Treue' anführen, dass damit die patriarchalische Struktur vieler traditioneller Gesellschaften zumindest im privaten Bereich aufgehoben wird, weil das Verbot der Untreue für den Mann wie für die Frau gilt (S. 60ff.). Die Empirie zeigt jedoch, dass diese Aufhebung keineswegs mit dem Monogamie-Modell verbunden ist, vielmehr etabliert sich zumeist eine Doppelmoral, die dem Mann mehr Freiheit(en) zugesteht als der Frau. Neben der sexuellen Kontrolle werden zudem auch Aspekte wie die materielle Abhängigkeit der Frau etc. durch das Monogamie-Konzept nicht revidiert, sondern eher gestützt. Außerdem führt dieses ‚Treue'-Konzept zu einer unsinnigen Überbetonung der sexuellen Dimension. Wie ist es zu rechtfertigen, dass sexuelle Interaktion (mit einer/m Dritten) eine jahrelange (glückliche) Beziehung, u. U. auch noch mit gemeinsamen Kindern, zerstören soll (S. 68f.)? Wieso kann es nicht den Fall geben, dass zwei Menschen optimal harmonieren, nur eben auf sexueller Ebene nicht (S. 71)? Für alle möglichen anderen Dimensionen, von sportlicher Betätigung über den Kunstgeschmack bis hin zu politischen Einstellungen, wird das völlig ohne Probleme toleriert! Dass die Sexualität hier ausgenommen wird, macht sie zu einer Art Fetisch der Monogamie-Konzeption (S. 68), der für alle „normalen" zwischenmenschlichen Beziehungen „Asexualität zur Norm" erhebt (S. 77).

Das bedeutet: Es ist die Monogamie, die „einen wirklich offenen, entspannten, freien Umgang mit Sexualität unmöglich" macht (ebda.). Das gilt auch noch für die Hilfskonstruktionen einer „halbierten Monogamie" wie gemeinsame Besuche von Swinger-Clubs, die Akzeptanz von sexuellen ‚Außenbeziehungen', solange man nichts davon mitbekommen muss etc. (S. 78ff.). Dass die Gegenmodelle zur Monogamie-Konzeption von außen immer in erster Linie unter dem Aspekt sexueller Freizügigkeit diskutiert werden, hat also weniger mit diesen Modellen, sondern sehr viel mehr mit der fetischartigen Fixierung der Monogamisten auf die Sexualitätsdimension zu tun. In einer offenen Beziehung, die diese fast zwanghafte Überbetonung nicht mitmacht, sind dagegen „Untreue und Fremdgehen unmöglich […], weil diese Begriffe gar keine Bedeutung mehr haben" (S. 56).

Zusätzlich zu Schotts Argumentation ist noch eine Konsequenz der (sexuellen) Ausschließlichkeitsbehauptung anzuführen, die deren empirische Unhaltbarkeit unabweisbar macht. Wenn es wirklich so wäre, dass man nur einen Menschen (auch sexuell) lieben kann, müsste das erste Liebeserlebnis wie eine aus dem Tierreich bekannte Prägung wirken. Das heißt, man wäre von selbst – lebenslang – an diesen ersten Sexualkontakt gebunden! Das ist nun ersichtlich nicht der Fall, der Mensch hat sich auch bzw. gerade hier über das Tierreich erhoben, bei ihm ist die Sexualität in eine umfassendere Liebesfähigkeit eingebunden. Es ist schlichtweg uneinsichtig, warum man versuchen sollte, diese Entwicklung durch monogamistische Ausschließlichkeitsforderungen zurückzuschrauben. Zumal dieser Versuch angesichts der entgegenstehenden Empirie (der nicht-ausschließlichen Liebesfähigkeit) auch wieder zu konzeptuell unplausiblen Verrenkungen führt. Diese Empirie zeigt sich heute, wie erwähnt, am deutlichsten in der seriellen Monogamie, d. h. der Sequenz von scheiternden, aber neu versuchten Ein-Ehen. Damit ist die Fähigkeit, mehrere Menschen zu lieben, zumindest für das Nacheinander zugestanden. Da lässt sich natürlich ironisch nach den einzuhaltenden Zeitabständen fragen: Muss es sich um Jahre, Monate, Wochen handeln, oder reichen auch schon fünfzehn Minuten (S. 65)? Argumentativ zusammengefasst: „Wenn man ohnehin zugesteht, dass man mehrere Menschen lieben kann, warum sich dann an die Forderung klammern, dass dies gefälligst wohlgeordnet nacheinander, ohne zeitliche Überschneidung zu geschehen habe?" (S. 65f.)

Was ist die konstruktive Konsequenz? Wenn man die unrealistische und in sich widersinnige Ausschließlichkeitsforderung möglichst umfassend aufgibt, wird man zu offenen Beziehungen fähig. Sie sind offen in einem zweifachen Sinn: Zum einen sind sie nicht auf einen (bestimmten, einzigen) Menschen beschränkt; und zum anderen sind sie nicht auf eine (bestimmte, einzige) Art von Beziehung, nämlich die der monogamen Liebes-Beziehung, festgelegt. Die „kategorische Trennung zwischen Freundschaften und Liebesbeziehungen" wird hinfällig (S. 101). „Eine Liebesbeziehung ohne Exklusivität unterscheidet sich [...] der Art nach nicht mehr von einer Freundschaft, die Sexualität nicht ausschließt." (S. 101f.) Das heißt, es gibt fließende Übergänge zwischen allen möglichen Formen und Intensitäten von Beziehungen. Welche Tiefe und Bedeutung eine Beziehung jeweils erreicht, hängt von ihrer je spezifischen Entwicklung ab und wird nicht durch unbegründete Ge- und Verbote begrenzt. Das bedeutet nicht, dass damit jegliche Entscheidungen im sozialen Bereich ausgeschlossen sind (S. 89ff.). Es wäre unrealistisch, sich nicht dem Problem zu stellen, dass man nur 24 Stunden Zeit am Tag hat, in der Regel (nur) einen Ort zum Wohnen und Leben wählen muss etc. Aber solche Entscheidungen sind nicht mehr unvermeidbar mit einer Rangordnung der Beziehungen verbunden. Entscheidungen für bestimmte Lebensumstände sind nicht mehr Entscheidungen *zwischen* Beziehungen! (ebda.) Die Lebensumstände können auf diese Weise andere Verantwortlichkeiten widerspiegeln und aufrechterhalten, z. B. gegenüber Kindern, Eltern etc., ohne die Entwicklung der Beziehung(en) einzuschränken. Was andersherum noch wichtiger ist: Die Entwicklung von Beziehung(en) führt nicht über die unsinnigen Entscheidungszwänge dazu, dass andere Bezugspersonen wie Kinder etc. unnötig in Mitleidenschaft gezogen werden, z. B. durch Scheidungen und all die damit zusammenhängenden psychischen Katastrophen wie Ehekriege, Entscheidungszwang für die Kinder und so weiter ...

Bleibt die Frage, ob man die Struktur solcher offenen Beziehungen näher bestimmen kann. Hier bietet sich das Konzept der Polyamory, der Vielfalt von Liebesbeziehungen, an. Schott plädiert dafür, die Benennung der ‚offenen Beziehung' vorzuziehen, weil Polyamory in der Gefahr stehe, ein alternatives Beziehungsmodell mit zur Monogamie vergleichbarer Normativität aufzubauen; das gelte insbesondere dann, wenn Polyamory (zusammen mit Homosexualität etc.) als biologische Veranlagung verstanden wird (S. 95). Das ist sicher richtig, derartige Festlegungen wären in der Tat eine Austreibung des Teufels mit Beelzebub. Aber wenn man diese Art Dogmatisierung vermeidet, kann das Modell der Polyamory u. U. doch zur Ausdifferenzierung und konkreteren Entfaltung des Konzepts der offenen Beziehung(en) beitragen.

Interessanterweise nimmt der ebenfalls 2010 publizierte Überblick zur Polyamorie von Schroedter & Vetter geradezu programmatisch gegen jede Dogmatisierung Stellung. Und zwar (genau wie Schott) in erster Linie gegen „biologistische Sichtweisen", mit denen die (statistische) „Normalität [...] als naturverursachte Konstante" behauptet wird (S. 77). Im 20. Jahrhundert habe sich der Biologismus sogar zu seiner „repressivsten Form" entwickelt. Demgegenüber vertreten Schroedter & Vetter die These und begründen sie differenziert, dass es sich beim Liebes- bzw. Beziehungskonzept „um eine Variable der menschlichen Kultur handelt" (S. 25). Dementsprechend wird die Monogamie-Kritik, die auch hier die Basis für die Suche nach Gegenmodellen bildet, um eine ausführliche *Kultur*-Geschichte der Monogamie-Entwicklung von der babylonischen Zeit bis zu den Studenten-Unruhen der 1960er Jahre ergänzt (S. 78ff.). Dadurch wird zunächst einmal verdeutlicht, dass die auf Liebe aufgebaute Monogamie keineswegs die einzige oder ‚natürliche' Form der Ehe darstellt. Ein erster bedeutsamer Schritt in Richtung auf eine Verengung und normative Zementierung des Monogamie-Modells ist in der Reglementierung durch das Christentum im Mittelalter zu sehen (S. 91ff.). Die Ehe wird zum Sakrament erklärt und damit als lebenslange, unauflösliche Institution etabliert, einschließlich einer von der Kirche vorgeschriebenen monogamen Sexualitätspraxis. Parallel kann man das mittelalterliche Modell der (nicht-sexuellen) Minne(-Liebe) als Negation des Sexuellen außerhalb der Ehe verstehen (S. 93ff.). Der nächste entscheidende Schritt besteht im Laufe des 19. Jahrhunderts in der Individualisierung der (ehelichen) Partnerschaft durch die romantische Liebe als Basis der Monogamie, die jetzt als Liebes-Ehe verstanden wird (S. 104ff.). Ein Verständnis, das zugleich Versprechen und Forderung ist! Bis dahin war das Gerüst gesellschaftlicher Passung (z. B. Standeszugehörigkeit) für die Stabilität der ehelichen Partnerschaft primär und völlig ausreichend; auf der emotionalen Seite reichten Respekt und Sympathie aus, ohne dass damit die Entwicklung tieferer Gefühle im Laufe der Ehe ausgeschlossen war. Mit dem Konzept der Liebes-Ehe aber wird die romantische Liebe zur Monogamie-Norm, wodurch „sexuelle Leidenschaft" und „Bindung von Mann und Frau" zu einer „Einheit verschmelzen" sollen (S. 108). Dadurch wird das Stabilitätsbedürfnis der Beteiligten vor allem auf die Sexualität, d. h. die sexuelle Treue, konzentriert (S. 110). Aus dem unrealistischen Versprechen romantischen Glücks wird auf diese Weise letztlich der unromantische Weg in reales Unglück. Deshalb hat es auch von Anfang nicht an Gegenentwürfen gefehlt (S. 112ff.), die die Überforderung durch die unrealistische Monogamie-Norm nicht mitmachen wollten und die durch die Richtung der Polyamorie zusammengeführt und ausgearbeitet werden (sollen).

Der Begriff ‚Polyamory' (oder ‚Polyamorie') ist die Kombination eines griechischen Wortstamms (poly: viele) mit einem lateinischen (amor: Liebe) und bedeutet wörtlich also ‚Viele Lieben' (S. 13). Allerdings ist dem aus dem Feuilleton stammenden Einwand zuzustimmen, dass solch ein (Fremd-)Wort eher nach der Bezeichnung einer Krankheit als eines Glück verheißenden Lebensstils klingt. Ich werde daher stattdessen den Begriff ‚Liebes-Vielfalt' benutzen. Darin kommt vielleicht sogar noch besser als im Fremdwort zum Ausdruck, dass es vor allem um die Akzeptanz unterschiedlicher Liebes- und Lebensweisen ohne eine Hierarchisierung, d. h. ohne normative Bevorzugung einer spezifischen Variante, geht (S. 15). Das betrifft dann nicht zuletzt auch die Rolle der Sexualität, die nicht mehr als konstitutives (unverzichtbares) Element einer Liebesbeziehung angesehen wird (S. 34). Bloße Sexualität ohne emotionale Beteiligung gilt nicht als Liebe (S. 36), aber andersherum sind alle Möglichkeiten der Nicht-/Einbeziehung von Sexualität in eine Liebesbeziehung akzeptiert (S. 35), von der völligen Irrelevanz über Homosexualität bis zu allen anderen Formen ‚queer'-sexueller Ausrichtung (S. 53ff.). Da es folglich nur auf den personalen Bezug der emotional verbundenen Partner/innen ankommt, kann man die so verstandene Liebes-Vielfalt schlagwortartig auch als „verantwortungsvolle Nicht-Monogamie" bezeichnen (S. 30).

Von dieser begrifflichen Konzeption aus lässt sich die Liebes-Vielfalt auf drei Dimensionen ausdifferenzieren: den Liebesarten, den Beziehungsformen und den Grundwerten. In der Dimension der Liebesarten greifen Schroedter & Vetter auf den Sozialpsychologen J. A. Lee zurück, der sechs Liebesstile unterscheidet (S. 17f.): (1) Erotische Liebe (heute zumeist mit den Merkmalen der romantischen Liebe identifiziert; (2) Spielerische Liebe (mit starker Überlappung zum Flirten); (3) Kameradschaftliche Liebe (mit fließendem Übergang zwischen Verwandtschafts- und Freundschaftsrelationen); (4) Liebesbesessenheit (bis zur Irrationalität gesteigerte Liebe, meist mit zwanghafter Eifersucht verbunden); (5) Nächstenliebe (primär altruistische Liebe, die für sich selbst nichts erwartet); (6) Pragmatische Liebe (von gesellschaftlichen, z. B. ökonomischen, Rahmenbedingungen ausgehend und gestützt). Diese Spielarten machen noch einmal deutlich, dass das Konzept der Liebes-Vielfalt die unsinnige Fokussierung auf die Sexualität hinter sich lässt und durch Variabilität in der Intensität und Weite der personalen Beteiligung ersetzt; d. h. es gibt fließende Übergänge von personal zentralen Liebesgefühlen über langfristige freundschaftliche Relationen bis zu eher kurzfristigen und auf bestimmte Inhalte beschränkten Beziehungen. Dementsprechend ist die Liebes-Vielfalt auch mit einer Vielzahl von Beziehungsformen vereinbar (S. 46ff.). Die klassische (ehe-ähnliche) dauerhafte Intim-Beziehung wird dann Primärbeziehung genannt, während Sekundärbeziehungen an irgendeinem Punkt (sei es die Intimität, die Dauerhaftigkeit, die Wohngemeinschaft oder dergleichen) weniger Gemeinsamkeit aufweisen, was für Tertiärbeziehungen natürlich in noch einmal stärkerem Ausmaß gilt. Aber es können natürlich auch Gruppen-Ehen, Triaden oder andere Beziehungskonstellationen in Fortführung einer offenen Ehe bzw. Beziehung vorkommen. Liebes-Vielfalt heißt, dass hinsichtlich der Bezugspersonen jeweils die individuelle Entscheidung der Beteiligten die zentrale Rolle spielt. Das betrifft sozusagen die Vielfalt-Komponente des Konzepts, während die Liebes-Komponente durch die Grundwerte von Konsens, Ehrlichkeit, Integrität, gegenseitigem verantwortungsvollem Umgang und Achtung vor individuellen Grenzen bestimmt wird (S. 42ff.).

Aber es ist klar, dass damit nur ein Rahmen umrissen ist, der noch mit Leben gefüllt werden muss – und zwar sowohl von den jeweiligen individuellen Personen als auch von veränderten gesellschaftlichen Strukturen her. Schroedter & Vetter benennen daher zum Schluss einige Aspekte einer solchen anzustrebenden utopischen Entwicklung (S. 152ff.). Das betrifft in erster Linie die emanzipierte interpersonelle Kommunikation, aber auch die Auflösung von immer noch existierenden Geschlechterstereotypen. Und beides wird nur gelingen durch eine Auflösung von stereotypen (stereotypisierenden) Sprachstrukturen. Zugleich muss es gemeinschaftliche Institutionen geben, die mithelfen, die Verantwortung gegenüber den Kindern gegebenenfalls auch außerhalb der traditionellen Kleinfamilie zu erfüllen.

Was bedeutet das für den Stand der Diskussion? Durch die Ausweitung der Frageperspektive auf alternative Beziehungskonzepte wird zunächst einmal die Kritik am Monogamie-Modell vertieft, und es wird einsichtig, warum Modifikationen, die innerhalb dieses Modells verbleiben, scheitern (müssen). Die Monogamie-Norm stellt ein unrealistisches Versprechen dar, und zwar in mehrfacher Hinsicht. Sie verspricht eine stabile Sicherheit, die für frühere Phasen der Ehe-Institution durch die gesellschaftliche Determinierung (mehrheitlich) gegeben gewesen sein mag, die sich aber mit der Demokratisierung und Individualisierung der modernen Gesellschaft(en) weitgehend aufgelöst hat. Zugleich werden die früheren gesellschaftlichen Stabilisierungsfaktoren durch ein spezifisches Konzept von romantischer Liebe ersetzt, wodurch aus dem unrealistischen Sicherheitsversprechen auch noch ein unrealistisches Glücksversprechen wird. Indem dieses Glück in der Fokussierung der romantischen Liebe auf eine überzogene Rolle der Sexualität und damit der sexuellen Ausschließlichkeit/Treue beschränkt wird, wandelt sich das unrealistische Glücksversprechen in eine heillose Überforderung, in eine systematische Quelle realen Unglücks.

Um diesem Unglück zu entkommen, müssen die beiden zentralen destruktiven Anforderungen des Monogamie-Modells aufgegeben werden: die Überwertigkeit der Sexualitätsdimension und die Ausschließlichkeitsthese des (als romantisch bezeichneten) Liebesverständnisses. Das führt zu der Alternative eines offenen Konzepts von Liebes-Vielfalt. Die Vielfalt besteht zum einen hinsichtlich der (möglichen Anzahl von) Personen als Liebes-,Objekte' und damit der unterschiedlichsten Beziehungsformen; zum anderen aber auch in Bezug auf die personale Zentralität und Intensität der Liebesbeziehung(en) und damit die Liebes-Arten. Zusammengefasst bedeutet das: Das Alles-oder-Nichts-Prinzip der Monogamie-Norm wird durch ein graduelles Liebes-Konzept ersetzt! Eine Konsequenz, die einfach klingt, aber weitreichende Folgen hat und sicher auch erhebliche Anstrengungen bei der Überwindung der bisherigen Monogamie-Sozialisation erfordert. Die wegen der Ausschließlichkeitsforderung der Monogamie-Norm am stärksten ins Auge fallende Folge ist die (potenzielle) Ausweitung der Liebes-Beziehung(en) auf mehr als eine Person. Doch dieser quantitative Aspekt ist seinerseits eigentlich nur die Folge des zentraleren qualitativen Aspekts, nämlich dass es Beziehungen von unterschiedlicher (Liebes-)Qualität geben kann. Und Qualität ist dabei nicht als Werturteil gemeint, sondern bezeichnet die Bandbreite an Möglichkeiten: für die Anzahl der Persönlichkeitsbereiche, die in einer Beziehung thematisch sind, für die existenzielle Zentralität dieser Bereiche, für die Intensität der damit verbundenen Emotionen und (zuletzt) auch der gegebenenfalls einbezogenen Sexualität. Das heißt, auch der Liebes-Begriff wird ausgeweitet (nicht nur die Zahl der Bezugspersonen), ausgehend von einer Kernvorstellung persönlichkeitszentraler, psycho-physisch umfassender Emotionalität auch auf Abstufungen bezüglich der Intensität oder der Breite – wie es eigentlich bisher schon grundsätzlich durch

Konzepte der Nächstenliebe etc. neben der ‚romantischen' Monogamie-Liebe akzeptiert ist.

Das führt jedoch unweigerlich zu der Frage, ob und gegebenenfalls wie man eine solche breitere, graduelle Liebes-Vorstellung inhaltlich näher, differenzierter bestimmen kann.

Liebe

Erich Fromm: *Die Kunst des Liebens* (1956)

Thomas Ferdinand Krauß: *Liebe über alles. Alles über Liebe. Ein aktueller Versuch über die ‚Kunst des Liebens'* (2009)

Als das klassische Werk des 20. Jahrhunderts über die Theorie wie Praxis der Liebe gilt allgemein Fromms Essay aus dem Jahr 1956. Von einer kapitalismuskritischen Position aus versucht er darin, die Gefahren für das Lieben in der modernen (westlichen) Gesellschaft zu benennen und eine Gegendynamik in Gang zu setzen. Den zentralen Ausgangspunkt stellt die 20 Jahre später publizierte Gegenüberstellung der beiden existenziellen Grundhaltungen Haben und Sein dar. Haben bezeichnet die besitz- und konsumorientierte Einstellung des Menschen gegenüber der Welt, und zwar in Bezug auf Gegenstände wie auch Personen. Eine Einstellung, die sich in oberflächlichem Hedonismus erschöpft (schon 1932 in Huxley's ‚Schöne Neue Welt' literarisch dargestellt) und den Menschen letztlich vom Leben entfremdet. Die Existenzweise des Seins bedeutet dagegen ein authentisches Verhältnis zur Welt, das nicht am (schönen) Schein der Dinge hängen bleibt, sondern zu produktiver Tätigkeit und einem konstruktiven Austausch mit der Welt, mit Gegenständen wie Personen, führt.

Auf das Phänomen der Liebe angewandt räumt diese Kontrastierung mit einem Vorurteil auf, das viele Menschen im Laufe ihrer Sozialisation unbemerkt (psychoanalytisch: unbewusst) erworben haben (S. 11ff.): nämlich, dass Lieben in erster Linie bedeutet, geliebt zu werden; eben den oder die Richtige/n zu finden, von dem man (umfassend) geliebt wird. Aber das entspricht dem Modus des Habens, der gerade für die Liebe inadäquat, ja destruktiv ist. Lieben ist vielmehr ein aktiver Prozess, nicht ein passiver des geliebt *Werdens!* Lieben bedeutet in erster Linie nicht Nehmen, sondern Geben, heißt lieben dürfen, lieben können. Aber nicht im Sinn der moralischen Maxime von ‚Geben ist seliger als Nehmen', in der das Geben im Prinzip als ein Opfer unterstellt wird (S. 33). In der Liebe bedeutet Geben existenzielle Freude, ja Lebendigkeit. Und um diese lebendige Existenzweise geht es bei der ‚Kunst des Liebens'.

Dabei ist Lieben für Fromm die konstruktive Antwort auf das existenzielle Grundproblem des Menschen, das Getrenntsein; von anderen Menschen getrennt zu sein, bedeutet die Wiederholung des Geburtstraumas mit seiner ersten und radikalsten Trennung: der vom Mutterleib. Als Antwort auf dieses Trauma gibt es destruktive Varianten, die keine wirkliche Bewältigung darstellen (S. 19ff.). Das ist zum einen die orgiastische Vereinigung (in meditativen Riten, aber auch in Ersatzformen wie Drogenkonsum etc.), die zwar aus einer intensiven Vereinigung von Geist und Körper bestehen, wobei diese Vereinigung aber vorübergehend und daher unbefriedigend ist. Als die häufigere negative Antwort ist allerdings die Vereinigung durch Konformität zu beobachten. Der Mensch ordnet sich als Herdentier der Gruppe unter, erfährt dadurch eine scheinbare, weil nur oberflächliche Geborgenheit. Dagegen liegt die konstruktive Antwort in schöpferischer Tätigkeit, durch die sich der Mensch mit der (Außen-)Welt vereinigt. Das gilt für jede handwerklich oder künstlerisch produktive Tätigkeit, am befriedigendsten aber für die Herstellung von zwischenmenschlicher Einheit, das heißt „in der Vereinigung mit einem anderen Menschen, in der *Liebe*" (S. 28). Allerdings nicht in Form einer (kurzschlüssig) symbiotischen Vereinigung, sondern durch eine reife Liebe, „bei der die eigene Integrität und Individualität bewahrt bleibt" (S. 31). Lieben bedeutet also die Vereinigung von zwei eigenständigen Individuen, die sich in der Gemeinsamkeit nicht verlieren, sondern gerade selbst finden. Deshalb ist die (reife) Liebe durch folgende Grundelemente gekennzeichnet: „*Fürsorge, Verantwortungsgefühl, Achtung vor dem anderen* und *Erkenntnis*." (S. 36) Mit anderen Worten: „*Liebe ist die tätige Sorge für das Leben und das Wachstum dessen, was wir lieben.*" (S. 37) Und dieses Sorgen führt zu Erkenntnis in dem Sinn, dass dadurch das Gegenüber wahrgenommen und akzeptiert wird, wie er/sie wirklich ist.

Diese Grundelemente zeigt Fromm in verschiedenen Liebesarten auf: von der Elternliebe über die Nächstenliebe bis zur Selbstliebe, wobei letztere als Voraussetzung für ein reifes Lieben anzusehen sei. Selbstverständlich nicht zu verwechseln mit Selbstsucht oder Narzissmus, sondern als „*Bejahung des eigenen Lebens, des eigenen Glücks und Wachstums und der eigenen Freiheit*", die „*in der Liebesfähigkeit eines jeden verwurzelt*" ist (S. 72). Bei der erotischen Liebe führt er zusätzlich noch die sexuelle Begierde ein (S. 66f.), die jedoch „keineswegs nur ein körperliches Verlangen" sei. Allerdings strebe sie „nach der Einheit mit einer anderen Person" und sei daher „exklusiv und nicht universal" (S. 64). Dieses Exklusivitätsstreben führt dann häufig zu dem Wunsch, „vom anderen Besitz zu ergreifen" (S. 67). Dahinter steht aber wieder die Existenzweise des Habens in der Relation zur Welt, die eine Übertragung der kapitalistischen Grundhaltung auf die Beziehung zwischen den Menschen darstellt, in diesem Fall sogar auf die intimste, existenziellste Beziehung, die zwischen Liebenden. Wenn man die bereits diskutierten ehekritischen Argumente gegen die Überwertigkeit des Sexuellen im Liebeskonzept hinzunimmt, kann man die Forderung nach sexueller Treue also als kapitalistischen Irrweg (des Denkens und Fühlens) bezeichnen! Und dieser Irrweg, so ist zu ergänzen, führt letztlich zu den destruktiven Gegenpolen der Grundelemente Fürsorge, Achtung, Verantwortungsgefühl und Erkenntnis: nämlich Ausbeutung, Vergegenständlichung, Macht und Konkurrenz.

So berechtigt Fromms Kritik an der Grundhaltung des Habens und damit an dem hier als kapitalistisch benannten Irrweg im Liebesdiskurs auch ist, verstrickt er sich in dieser Kritik leider auch seinerseits in Irrwegen, die vor allem an der Widersprüchlichkeit seiner Argumentation deutlich werden. Er beginnt, wie angesprochen, mit der Beschreibung der erotischen Liebe als „exklusiv und nicht universal" – was eher eine Vorschrift ist, wie die ehekritische Argumentation nachgewiesen hat. Und diese Vorschrift hält er im Folgenden selbst nicht durch, denn er endet nach der Kritik am sexuellen Besitzstreben mit der widersprüchlichen These: „Erotische Liebe ist zwar exklusiv, aber sie liebt im anderen die ganze Menschheit, alles Lebendige." (S. 67) Was nun: nicht universell oder doch alles Lebendige? Berechtigte Exklusivität oder kapitalistisches Besitzstreben? Hier zeigt sich selbst bei einem kritischen Geist wie Fromm, wie leicht man beim Diskurs, d. h. beim Denken, Fühlen und Sprechen über Liebe auf Irrwege geraten kann, weil dieser Diskurs sowohl unter dem (ideologischen) Druck der soziologischen Institution Ehe als auch des psychologischen Glücksversprechens der romanischen Liebe steht (s. o. die Kap. Ehe und Beziehung). Dabei lassen sich die zitierten Widersprüchlichkeiten als dualistischer Irrweg zusammenfassen, für den es mehrere Untervarianten von Entweder-Oder-Konzeptualisierungen gibt. Zum einen betrifft das die überzogene Gegenüberstellung von Körper und Geist. Fromm behauptet zwar die Verbindung beider Pole, endet aber schließlich doch bei der Bevorzugung des Geistes gegenüber dem Körper. Das jedoch heißt, das Kind mit dem Bade auszuschütten. Die unbegründete, unsinnige Übergewichtung des Sexuellen in der traditionellen Monogamie-Konzeption ist nicht dadurch zu heilen, dass man ins radikale Gegenteil verfällt und die Bedeutung des Körperlichen übermäßig vernachlässigt. Die von Fromm herausgearbeiteten Grundelemente der Fürsorge bis Erkenntnis stellen eine unverzichtbare Erweiterung des Liebesdiskurses dar, dürfen aber nicht zu einer unbegründeten Vernachlässigung der körperlich-sexuellen Dimension führen. Desgleichen ist die überzogene Exklusivitätsforderung (der sexuellen Treue) nicht durch eine keineswegs schlüssige Universalitätsbehauptung zu heilen. Fromm sitzt hier, da er kein Soziologe bzw. Sozialhistoriker ist, der ideologischen Verteidigung der Monogamie-Norm auf und verwechselt Individualität mit Exklusivität. Selbstverständlich ist jede (reife) Liebes-Beziehung zwischen zwei eigenständigen Individuen einzigartig, aber das heißt nicht, dass es nicht daneben noch weitere einzigartige (individuelle) Beziehungen geben kann! Bei allem Verdienst von Fromm für den Liebesdiskurs sollte man ihm also auf dem dualistischen Irrweg mit den Untervarianten der Polarisierung von Körper und Geist sowie der Verwechslung von Individualität und Exklusivität nicht folgen!

Bleibt die Frage, ob Fromms weitere Analysen auch von diesen Irrwegen in Mitleidenschaft gezogen werden oder konstruktiv zur konkreten Entfaltung des Liebesverständnisses beitragen können. Er erläutert unter der Perspektive des ‚Verfalls der Liebe in der heutigen (westlichen) Gesellschaft' zunächst die negativen Konsequenzen des kapitalistischen Irrwegs. Dazu gehört, dass sich der (in erster Linie) konsumorientierte Mensch von sich selbst entfremdet (S. 97ff.), indem er mit der Suche nach unmittelbarer Bedürfnisbefriedigung (S. 104) nur das oberflächliche Vergnügen anstrebt, auch auf dem Gebiet der Sexualität (S. 99). Das reduziert die Liebe auf eine Form von „gegenseitiger sexueller Befriedigung" (S. 106) und öffnet allen möglichen neurotischen Spielarten der Liebe Tür und Tor, wie etwa der abgöttischen oder der sentimentalen Liebe (S. 11ff.). Dieser Kritik am kapitalistischen Irrweg ist sicher uneingeschränkt zuzustimmen, vor allem wenn er sich mit der Monogamie-Norm zur überwertigen Anforderung sexueller Treue als Ausschließlichkeit der Ehe-Beziehung verbindet. Entscheidend ist daher, wie man sich die Vermeidung dieses Irrwegs in der alltäglichen ‚Praxis der Liebe' vorzustellen hat.

Diesbezüglich bestimmt Fromm im letzten (praktischen) Teil seines Buches als Zugangswege zur ‚Kunst des Liebens' (S. 119ff.): Disziplin, Konzentration, Geduld und Wichtigkeit, aus denen sich schlussendlich der Glaube an den geliebten Menschen wie an die Liebe als Sinn des Lebens (S. 133ff.) speist. Disziplin, Konzentration und Geduld sind für Fromm notwendige Voraussetzungen für die dauerhafte Bereitschaft zum sich Üben, wie es für jede Kunst gilt; und diese Bereitschaft hängt ihrerseits davon ab, dass man der angestrebten Kunst die nötige (zentrale) Wichtigkeit in seinem Leben zuschreibt. Der resultierende Glaube an den anderen ist dann nicht zuletzt der Glaube an seine Möglichkeiten (S. 136); und auch darin schwingt für Fromm als letztem, höchsten Schritt der Glaube an die Menschheit insgesamt mit (S. 137). Abgesehen davon, dass in diesem letzten Punkt wieder der dualistische Irrweg mit einer Überbetonung des Geistigen aufscheint, erweckt Fromm hier den Eindruck, als lasse sich Liebe bei der richtigen Einstellung direkt und mit Sicherheit herstellen, wenn man nur genügend Übung in das Erlernen dieser Kunst investiert. Es ist dies seine Ausgangsthese von der Liebe als aktivem Prozess (des Gebens) in maximaler Ausprägung, wobei deren Berechtigung und Begründbarkeit zu prüfen sein wird. Das lässt sich am ehesten dadurch erreichen, dass man den Liebesdiskurs und die darauf bezogene Forschung der nächsten (und damit letzten) 50 Jahre zu Rate zieht, wie es T. F. Krauß in seinem umfassenden Werk von 2009 versucht hat.

Krauß gliedert seinen umfangreichen Überblick zum Liebesdiskurs (vor allem des 20. Jahrhunderts) in drei Teile: den ersten Augenblick, die Sexualität und die Verliebtheit/Liebe. Er arbeitet die empirische Forschung und theoretische Diskussion aus Sozialpsychologie und Psychoanalyse unter Einbeziehung von Sexualforschung, Soziologie und Ethnologie unter der Perspektive einer integrativen Anthropologie (S. 211) auf, die also die Körper- und Geist-Dimension des Menschen – gleichgewichtig – zu verbinden sucht. Dementsprechend zieht sich auch die Kritik an den skizzierten dualistischen Irrwegen wie ein roter Faden durch sein Werk. In Bezug auf die Körperdimension geht es dabei um die Reduktion des Menschen auf seine Gene, das heißt die biologische Evolution – und damit um einen Biologismus. Der besteht, wie es auch andernorts durch wissenschaftstheoretische Analysen herausgearbeitet worden ist, in einer letztlich zirkulären Argumentation. Es wird aus dem vorgefundenen Jetzt-Zustand geschlossen, dass der die Auswahl der Evolutionsstärksten darstellt, um dann die Merkmale dieser Stärksten zur Erklärung des Jetzt-Zustands zu verwenden. Dadurch wird der Jetzt-Zustand, so zum Beispiel die Monogamie-Norm, als biologisch verankert und damit unveränderbar erklärt (S. 194). „Also Vorsicht mit dem biologischen Erklären. Da wird's gnadenlos. Niemand kann etwas ändern." (S. 40) Dieser biologistische Irrweg betrifft naturgemäß vor allem die Reduktion der Liebe auf das Sexuelle. In welchen Formen sich diese Reduktion zeigen kann, analysiert Krauß im zweiten Teil des Buchs differenziert und gründlich. Das geht vom Puritanismus als zwanghafter Unterdrückung und damit Überbewertung des Sexuellen (S. 218ff.) bis zum

„umgedrehten Puritanismus" der Sexualitäts-Lust-Sucht (S. 223ff.) einschließlich der Onanie, sofern sie eine Vermeidung von zwischenmenschlicher Kommunikation darstellt (S. 227ff.). Aber auch die Verwissenschaftlichung durch die einschlägigen Untersuchungen der Sexualwissenschaft (von Kinsey bis zu Masters & Johnson) habe zu dieser Reduktion beigetragen, indem dadurch eine Leistungsnorm entstanden ist, an der auch noch Heerscharen von Therapeuten (mit-)verdienen (S. 253ff.). Am deutlichsten wird die biologistische Reduktion sicher im Fitness-Wahn (der Bodybuilder) sowie der Schönheitschirurgie offenbar, die beide eine Instrumentalisierung des Körpers bedeuten (S. 266ff.). Doch ebenso gehört die weit verbreitete Obszönität beim Sprechen über Sexuelles dazu, weil in ihrer Abwertung gerade das Psychische der Liebesbeziehung negiert wird (S. 277ff.). Das Paradigma der biologistischen Reduktion ist daher der sexuelle Autismus (S. 280ff.), der das Gegenüber nur zur Triebabfuhr benutzt (von hedonistischer Lustsucht bis zu Vergewaltigung).

Den anderen Pol des dualistischen Irrwegs, die Reduktion auf die Geistes-Dimension im Liebesverständnis, kritisiert Krauß allerdings genauso vehement. Er setzt dabei (ebenfalls) an Fromms Bestimmung der Liebe als überindividuell, als Liebe zu den Menschen allgemein an (s. o.). Diese Vorstellung einer ‚wahren Liebe' jenseits des Sexuellen ist für Krauß eine esoterische Konzeption, die als ‚pure' Liebe (zur Natur etc.) den Bezug zum realen Leben verliert (S. 422ff.) – und zwar nicht zuletzt durch die Negation der Körperdimension (auch des Menschen). „Vor allem asexuell soll es zugehen in der *wahren* Liebe, der einen, wahrhaft reinen." (S. 427) Aber im „Namen der *wahren Liebe* entfernt man sich dann von der faktischen Liebe" (S. 439), denn wer „der *wahren Liebe* nacheifert, […] eifert nicht ihr, sondern ihrer Idee in Form ihres abstrakten Begriffs nach und versäumt in aller Regel, im wirklichen Leben wirklich zu lieben" (S. 441). Innerhalb des dualistischen Irrwegs ist also der Körper-Geist-Dualismus so zentral und hält so viele Sackgassen bereit, dass es lohnt, die zwei Unterkategorien des biologistischen und esoterischen Irrwegs zu unterscheiden und ad absurdum zu führen.

Was aber lässt sich nun als konstruktives, realistisches und integratives Liebesverständnis dagegensetzen? Krauß kommt am Schluss seiner kritischen Durchsicht der bisherigen Entwürfe zu dem Fazit, dass sich Liebe nur in einem dauernden Prozess von Kommunikation und Interaktion zwischen (zwei) Personen realisiert (S. 28ff.; 558ff.), als „wechselseitige, gelebte Resonanz, Mitschwingen und Echo zugleich." (S. 30) – und zwar in der Verbindung, im „Dreiklang von Leidenschaft,

Seelenverwandtschaft und Sorge um den anderen" bzw. „Sinnlichkeit, Freundschaftlichkeit und Selbstlosigkeit" (S. 559). Damit ist zum einen die Konsequenz aus dem graduellen Liebes-Konzept der Beziehungs-Diskussion (s. o.) aufgenommen, indem der Freundschaftlichkeit bzw. Seelenverwandtschaft eine bedeutsame Rolle zugeschrieben wird; zum anderen ist die berechtigte Erweiterung um den Fürsorge-Aspekt (durch Fromm und seine Kritik am kapitalistischen Irrweg) integriert, indem die Existenzweise des Habens durch die des Seins ersetzt, das heißt überwunden wird. Und drittens wird zugleich der dualistische Irrweg vermieden, indem die Körperlichkeit in Form von Sinnlichkeit und Leidenschaft ihre existenzielle Bedeutung behält. Dabei ist klar, dass dieser Dreiklang den Kernbereich dessen darstellt, was wir unter einer personalen Liebes-Beziehung verstehen (wollen). Er ist, vor allem in Bezug auf die Gleichgewichtigkeit der Elemente, der ideale Prototyp unserer anthropologisch integrativen Liebes-Vorstellung. Der Prototypen-Ansatz der Begriffsbildung, der für alle möglichen Alltagsbegriffe gilt, kennt neben einer solchen Kernbedeutung, die alle typischen Merkmale optimal vereint, auch Randbereiche, in denen die Merkmale nur teilweise oder mit verschobener Gewichtung erfüllt werden – was zu fließenden Übergängen zwischen Kern- und Randbedeutung(en) führt. So steht uns beim Begriff ‚Berg' ein schneebedeckter Alpen- oder Himalaya-Gipfel vor Augen, während ‚Hügel' eher sanft gewellte Erhebungen in Mittelgebirgsregionen sind; aber auch Mittelgebirge haben üblicherweise Berge aufzuweisen, die allerdings im Himalaya u. U. nicht einmal als Hügel durchgingen. Genauso ergeben sich vom prototypischen Kernbereich des integrativen Liebes-Dreiklangs aus fließende Übergänge zu anderen (Rand-)Bereichen, in denen die einzelnen Elemente eine verschobene Gewichtung aufweisen oder gänzlich fehlen (können). Das ist jetzt eine präzisierend-konkretisierende Ausfüllung des graduellen Liebes-Konzepts, wie es sich als Konsequenz aus der Beziehungsdiskussion ergeben hat. Dabei ist es müßig, darüber zu streiten, bis in welche Randbereiche hinein man von ‚Liebe' sprechen will oder nicht; das ist eine Frage der Sprachkonvention, die auch von der Einsicht und Toleranz gegenüber einem graduellen Liebes-Konzept abhängt (jetzt bzw. in Zukunft, individuell und gesellschaftlich).

Die Realisierung des Kern-Konzepts von Liebe durch Kommunikation und Interaktion zwischen zwei Menschen verfolgt und entfaltet Kraus vom ‚ersten Augenblick' an, der vor allem durch die Intuition bestimmt sei (S. 45ff.): als Vorahnung dessen, was in der Beziehung an Möglichkeiten schlummert. Dabei spielen auch die Sinne eine Rolle (nicht nur der Gesichts-, sondern auch der Geruchssinn zum Beispiel). Es resultiert ein Vertrauensvorschuss (S. 61ff.), der sich vor allem in einer gegenseitigen Idealisierung zeigt. Für den Fortgang der Beziehung ist die Ähnlichkeit der Personen und damit die Passung zwischen ihnen (mit-)entscheidend (S. 79ff.), und zwar deutlich mehr, als es Äußerlichkeiten (des Aussehens etc., S. 104ff.) sind. Das intensive Gefühl des Verliebtseins enthält die (unrealistische) Überzeugung der ‚unbedingten Zuwendung', das heißt, dass man so geliebt wird, wie man ‚wirklich ist' (S. 118). Diese „Sehnsucht nach dem paradiesischen Urzustand des Um-seiner-selbst-willen-Geliebtwerdens" (S. 120) kann aber nur konstruktiv wirken, wenn sie in eine Vertiefung der Beziehung durch Kommunikation und Interaktion umgesetzt wird (S. 130ff.). Das bedeutet, es muss eine Wechselseitigkeit zwischen zwei eigenständigen Individuen geben, im Optimalfall eine wechselseitige tagtägliche Entscheidung zur Gemeinsamkeit (S. 142ff.). Das ist die Aktivität des (gebenden) Liebens, die Fromm gegen das infantile Bedürfnis des (nur nehmenden) Geliebtwerdens herausgestellt hat. Sie besteht ‚im Austausch der lebensgeschichtlich erworbenen Fähigkeiten, Sehnsüchte und Bedürfnisse'; deshalb ist jede Liebe eine (individuell) neu zu schaffende Liebe (S. 458). Einer der größten Feinde dieser notwendigen Kreativität sind Selbstverständlichkeiten (S. 460ff.). Wenn das Zusammensein in Gewohnheit erstarrt und als selbstverständlich genommen wird, findet keine wirkliche Interaktion mehr statt und die Liebe versiegt (S. 463). Das lässt sich nur vermeiden durch ein fragiles Gleichgewicht von Nähe und Distanz (S. 465ff.; 483ff.): Nähe durch gemeinsame Basisüberzeugungen (über Lebensziele und Moralvorstellungen, aber auch gerade über das zu lebende Beziehungskonzept, wie bei der Kritik der Monogamie-Norm herausgearbeitet); und zugleich Distanz durch Eigenständigkeit in Zeit wie Raum (Zeit für eigene Interessen und Entwicklungen, Raum für Privatheit, aus der heraus das Aufeinander-zu-Gehen erotische Spannung und Erfüllung bedeutet).

Dieses Schaffen einer je individuellen Liebe(sbeziehung) stellt aber einen so hohen Anspruch dar, dass gern Versicherung bei externen Instanzen gesucht wird. Das betrifft vor allem das gesellschaftliche Stereotyp der ‚großen Liebe' als Drehbuch für die eigene Beziehung (S. 398ff.), vielfältig ausbuchstabiert durch die Industrie der Ratgeberliteratur (S. 507ff.), die letztlich nur die schon von Fromm eingeführte Erwartung an die Lebenspraxis umsetzt: nämlich dass man mit ‚Disziplin, Geduld und Konzentration' (jede) Liebe realisieren, also produzieren kann! Es ist alles nur eine Frage der (richtigen) Technik! Damit wird allerdings die

Produktionsperspektive, die mit der Herausstellung des liebenden Gebens statt Nehmens so sinnvoll angefangen hat, ebenfalls unsinnig überzogen. Ich möchte diese letzte Überziehung den technizistischen Irrweg nennen.

Zusammenfassend lässt sich festhalten: Die kritische Diskussion über die Monogamie-Norm (s. o. die Kapitel Ehe und Beziehung) hat bereits deutlich gemacht, unter welchem ideologischen Druck das Liebesverständnis in unserer Gesellschaft steht. Deshalb kann es eigentlich auch nicht überraschen, dass der Liebes-Diskurs eine erhebliche Anzahl von Irrwegen bereithält. Darunter dürfte der kapitalistische Irrweg der am weitesten verbreitete sein, zumal die Grundeinstellung des Haben(-Wollen)s so durchgreifend mit der Monogamie-Norm und deren Konzept der sexuellen Treue verschmolzen ist. Diesem Irrweg die Existenzweise des Seins und damit in der Liebe die Dimensionen von Fürsorge, Achtung und Verantwortung entgegengesetzt zu haben, ist das bleibende Verdienst von Fromm und seiner „Kunst des Liebens". Allerdings schüttet er, wie gezeigt, im Engagement gegen den Kapitalismus zum Teil das Kind mit dem Bade aus, indem er sich in dualistische Irrwege verstrickt. So hält er an der Ausschließlichkeit der Liebesbeziehung fest, obwohl er lediglich die Einzigartigkeit herausarbeitet. Neben dieser Verwechslung von Einzigartigkeit und Ausschließlichkeit führt ihn der Dualismus von Körper und Geist aber auch zu einer unbegründeten Konzentration auf die Konzeption einer ‚reinen', nicht-körperlichen Liebe, die sich als Teil des esoterischen Irrwegs erweist. Dieser wiederum ist nur die Kehrseite der ausschließlichen Konzentration auf das Körperlich-Sexuelle im Rahmen des biologistischen Irrwegs, der die Geltung vorhandener Normen zirkulär aus der Evolution ableitet und damit jeglicher Veränderbarkeit entzieht. Wenn man diese Irrwege in einer anthropologisch integrativen Konzeption zu vermeiden sucht, kommt man zu einem Liebesverständnis als ‚Dreiklang von Sinnlichkeit, Freundschaftlichkeit und Fürsorge' (Krauß). Die Gleichgewichtung dieser Elemente bildet den prototypischen Kernbereich des Liebes-Begriffs, von dem aus Randbereiche denk- und lebbar sind, in denen die Gewichte verschoben sind (bis hin zum Fehlen einzelner Elemente; s. o. graduelles Liebes-Konzept). Dabei kann der optimale Gleichklang nur in der wechselseitigen Kommunikation zwischen zwei eigenständigen Individuen realisiert werden (was parallel ein Gleichgewicht von Nähe und Distanz bedeutet). Damit ist es allerdings für den Einzelnen nicht möglich, die Liebe quasi nach Plan herzustellen, wie es Fromm mit seiner Empfehlung von Disziplin, Geduld und Konzentration nahelegt. Es ist dies ein technizistischer Irrweg, der zwar Ratgeberautoren und Ehetherapeuten gut ernährt, für die Lebenspraxis jedoch eine unrealistische Vorstellung darstellt. Denn das, was am Glücksversprechen der romantischen Liebe am realistischsten sein dürfte, ist, dass es sich bei der Liebe um ein Glück handelt. Aber Glück ist nicht direkt plan- und herstellbar. Ich kann nicht morgens aufstehen und mir vornehmen: Heute werde ich glücklich. Glück ist eine Folgewirkung von Handlungen, die auf andere (sinnvolle) Ziele ausgerichtet sind und durch ihren Vollzug eine tiefe existenzielle Zufriedenheit bewirken – die wir gewohnt sind, Glück zu nennen. Ich kann also nur günstige Rahmenbedingungen für das Entstehen von Glück schaffen. Das Gleiche gilt für die Liebe! Jenseits technizistischer Irrwege geht es folglich darum, günstige Rahmenbedingungen für das Entstehen und Überdauern von Liebe zu schaffen. Den besten Ansatzpunkt bietet hier die Qualität der wechselseitigen Kommunikation. Und sofern darin der Gleichklang von Leidenschaft, Empathie und Fürsorge aufscheint, handelt es sich um Erotik!

Erotik

Octavio Paz: *Die doppelte Flamme. Liebe und Erotik* (1995)

Esther Perel: *Wild Life. Die Rückkehr der Erotik in die Liebe* (2006)

Die Stellung und Funktion der Erotik im Rahmen des vorgestellten Liebes-Konzepts zu umreißen, kann am wenigsten auf vorgezeichnete Bahnen zurückgreifen, weil das Thema Erotik fast nur innerhalb der Ratgeberliteratur behandelt wird, in der es darum geht, sexuelle Erfüllung bzw. Leidenschaft mit der Monogamie-Norm zu vereinen. Um die Möglichkeiten und Formen von Erotik in Verbindung mit einem offenen Konzept von Liebes-Vielfalt zu konkretisieren, muss man also eine erhebliche Menge von ideologischen Dynamiken wegräumen, die sich verzerrend in Richtung auf eine Verengung des Liebes- und Erotik-Verständnisses auswirken. Das gilt in Teilen sogar für den klassischen Essay von Octavio Paz, der nun wirklich nicht der Ratgeberliteratur zuzuordnen ist. Gleichwohl zeichnet er die Entwicklung des Liebes-Konzepts, da er kein Sozialhistoriker ist, relativ unkritisch von den antiken Anfängen über die provenzalische Liebesdichtung bis hin zur Monogamie-Norm der bürgerlich-industriellen Gesellschaft nach. Diese historische Rekonstruktion macht den größten Teil des Buches aus und benennt dabei durchaus einige klassische Kritikpunkte, so z. B. in Bezug auf den kapitalistischen Irrweg: „Die demokratische kapitalistische Gesellschaft hat auf das erotische Leben die unpersönlichen Gesetze des Marktes und die Technik der Massenproduktion angewandt" (S. 189). Dadurch sind die Feinde von Liebe und Erotik „nicht mehr die von einst, die Kirche und die Moral der Enthaltsamkeit, sondern die Promiskuität, die aus der Liebe einen Zeitvertreib macht, und das Geld, das sie in Sklaverei verwandelt" (S. 205). Hier zeigt sich schon eine zumindest teilweise Verschleifung der Kapitalismus-Kritik mit dem Ausschließlichkeitsdogma der Monogamie-Norm. „Das erste Charakteristikum der Liebe ist ihre Ausschließlichkeit" (S. 140). Dementsprechend wird auch eine scharfe Grenze zwischen Liebe und Freundschaft behauptet: „Liebe entsteht auf den ersten Blick; Freundschaft entsteht aus frequentem und längerem Austausch. Liebe entsteht jäh; Freundschaft braucht Zeit" (S. 133).

Damit widerspricht er sich allerdings indirekt selbst, und zwar vor allem im Hinblick auf seine poetischen Bilder, mit denen er das Verhältnis von Liebe und Erotik beschreibt. Es sind zwei: „Das Urfeuer, die Sexualität, weckt die rote Flamme der Erotik, und diese nährt eine weitere Flamme, die blau und flackernd sich erhebt: die der Liebe. Erotik und Liebe: die doppelte Flamme des Lebens" (S. 12). Hier ist es die zeitliche Dimension, in der die Erotik als Ermöglichungsgrund für die Liebe veranschaulicht wird. Das parallele Bild in der räumlichen Dimension lautet: „Der Sexus ist die Wurzel, die Erotik der Stiel und die Liebe die Blüte" (S. 46). Es ist diese Rolle der Erotik als Weg zur Entwicklung von Liebe, die der oben herausgearbeiteten Funktion innerhalb eines integrativen Liebes-Konzepts entspricht. Und die essayistische Reflexion gerade eines Poeten bietet die Chance, genauer zu bestimmen, wie solche Erotik aussehen kann und sollte, um diese Funktion zu erfüllen. Ausgehend vom Körperlichen bestimmt er Erotik als das, was über die Sexualität hinausgeht. „Sexualität ist animalisch; die Erotik ist menschlich" (S. 126). Und menschlich heißt: „[S]ie ist sozialisierte und durch die Imagination und den menschlichen Willen umgeformte Sexualität" (S. 19); „da sie eine menschliche Schöpfung ist und Funktionen in der Gesellschaft hat, ist sie Kultur" (S. 21). Das Kulturelle besteht vor allem in der Imagination, die das Körperliche in Bilder transformiert (S. 14). Damit ist sie letztlich eine Form von Poesie, denn: „Agens des erotischen wie poetischen Aktes ist die Imagination" (ebda.). Erotik ist „körperliche Poetik" und Poesie „verbale Erotik" (ebda.). Sprachlich realisiert sich die Imagination daher vor allem in bildlich-metaphorischer Rede: „Die Erotik ist sublimierte Sexualität: Metapher" (ebda.).

Paz führt auch ein konkretes Beispiel für diese Art bildlichen Sprechens an, das zwar aus der Literatur stammt, aber eine fiktive Darstellung von Alltagskommunikation ist. In Prousts ‚Suche nach der verlorenen Zeit' gibt es in der Erzählung über ‚Eine Liebe von Swann' die Situation, dass Swann Odette in seiner Kutsche mitnimmt und beide aneinandergedrückt werden, als das Pferd vor einem Hindernis scheut. Odettes Blumenschmuck ist dadurch verrutscht, sie erlaubt Swann, ihn zurechtzurücken, und dieser verschiebt dabei die Cattleya-Orchideen tiefer in ihren Ausschnitt: als Vorspiel zur sexuellen Vereinigung, die noch am selben Abend erfolgt. Seit jenem Abend steht „Cattleya spielen" („faire cattleya") bei ihnen für jegliche Art der körperlichen Annäherung. Das Beispiel kann als Prototyp für sinnlich-erotische Privatsprache gelten. Das metaphorische Bild bleibt dabei so unbestimmt, dass die Imagination den entscheidenden Teil hinzufügen muss – und kann! Der Schleier des Metaphorischen lässt Raum für die Sehnsucht, ja stellt eine Art von Vakuum dar, das nach Ausfüllung durch die Phantasie drängt. Zugleich wird dadurch immer wieder größte Intimität erfahren, weil die Bedeutung keinem anderen außerhalb der Beziehung – unmittelbar – verständlich ist. Darin kommt die Individualität der Beziehung zum Ausdruck, weil ein Ereignis der gemeinsamen Lebensgeschichte den Ausgangspunkt und Bedeutungskern bildet. Das ist eine Form von ‚Ausschließlichkeit', die aus der Einzigartigkeit der Beziehung entspringt, jedoch ohne andere Beziehungen unmöglich zu machen. Denn es ist eine Einzigartigkeit auf Bedeutungsebene, im Extremfall u. U. die Einzigartigkeit eines ganzen Bedeutungsuniversums. Aber zugleich kann es durchaus mehrere Bedeutungsuniversen nebeneinander geben, gegebenenfalls von unterschiedlicher Ausdehnung bzw. Tiefe, ganz im Sinne des graduellen Liebes-Konzepts. Das ist die kulturelle Leistung der Erotik, dass sie Einzigartigkeit als Ausschließlichkeit im Sinne von Privatheit ohne Ausschließlichkeit im Sinne von Beziehungsverbot schenkt!

Nun gibt es aber ersichtlich auch Privatsprache(n) zwischen mehr als zwei Personen, von Familientraditionen für bestimmte Wörter bis hin zur Ingroup-Sprache von Freundeskreisen etc. Das erfordert die (erneute) Reflexion über die Relation von Liebe und Freundschaft. Paz ist hier schwankend: Neben der schon zitierten scharfen Abgrenzung von Freundschaft und Liebe gibt es auch das Zugeständnis, dass der Gegensatz zwischen beiden ‚nicht absolut' ist; „sie haben nicht nur vieles gemeinsam, sondern die Liebe kann sich auch in Freundschaft verwandeln" (S. 138). An diesem Punkt wird deutlich, dass Paz in Übereinstimmung mit der konventionellen Zentrierung auf Sexualität jede Distanz zur (sinnlichen) Leidenschaft als qualitativen Verlust versteht. Er zitiert in diesem Zusammenhang den (betagten) Unamuno: „Ich empfinde nichts, wenn ich mit der Hand über die Beine meiner Frau streiche, aber die meinen tun mir weh, wenn ihr die ihren weh tun" (S. 253). Um diese Form des empathischen Mitfühlens (im Beispiel: Mitleidens, compassion) einzubeziehen, schlägt Paz vor, auf einen von Petrarca benutzten Begriff zurückzugreifen: die Compathie (als verbindendes Konzept von Empathie und compassion): „Wir sollten es wieder einführen, da es eben dieses Liebesgefühl ausdrückt, das sich durch das Alter oder die Krankheit des geliebten Menschen verändert hat" (ebda.). Allerdings ist einem solchen abschätzigen Verständnis von Compathie als Reduktionsform bzw. -stadium von Liebe vor dem Hintergrund des erarbeiteten integrativen Liebes-Konzepts (ohne Überbewertung, aber auch ohne Vernachlässigung der Sexualität) vehement zu widersprechen.

Ohne Übernahme der reduktionistischen Perspektive kann und soll Compathie hier verstanden werden als Zusammenführung der Faktoren Seelenverwandtschaft (bzw. Empathie, Freundschaftlichkeit) einerseits und Fürsorge andererseits aus dem Dreiklang des integrativen Liebes-Verständnisses. Man könnte sogar diskutieren, ob es nicht sinnvoll ist, das Liebes-Konzept vereinfachend auf diese beiden Faktoren (sinnliche Leidenschaft und Compathie) zu konzentrieren, wodurch die graduellen Unterschiede dann aus den unterschiedlichen Gewichtungsrelationen der beiden Faktoren bestehen würden. Doch das soll der zukünftigen Diskussion überlassen bleiben. Worum es an dieser Stelle allerdings unbedingt geht, ist, dass Compathie zur Erotik gehört, und zwar von Anfang an! Ohne Compathie kann die Blüte der Liebe nicht so erblühen, dass sie die optimale existenzielle Tiefe erreicht. Erotik besteht sowohl aus sinnlich-metaphorischer wie aus Compathie-vermittelnder Kommunikation. Es gehört dann in den geforderten Entscheidungsspielraum der Beteiligten, die Gewichtung der beiden Komponenten festzulegen. Und die Freiheit dieses Spielraums sollte nicht durch irgendwelche ideologischen Bewertungen, Norm-Pressionen oder dergleichen eingeschränkt werden! Wenn sich die Relation der beiden Komponenten im Laufe der Zeit verschiebt, was soll's? Solange diejenigen, die es leben, damit glücklich und zufrieden sind, wo kommt die Berechtigung her, ihnen eine Therapie zu mehr Sexualität aufzuzwingen – und sei es auch ‚nur' durch Einreden? Wo ist die parallele Ratgeberliteratur zur Aufrechterhaltung oder Steigerung von Compathie? Außerdem gibt es genügend lebensgeschichtliche Bedingungen, die eine Verschiebung der Komponenten erzwingen oder automatisch zur Folge haben: Krankheiten, Trauerfälle, Stresssituationen einerseits, aber auch Kinder, die aus dem Haus sind, Reisen etc. andererseits. Ganz grundsätzlich sollte gelten: Es ist eine Sache der Beteiligten, gemeinsam die für sie optimale Relation von Sinnlichkeit und Compathie in der erotischen Kommunikation zu entwickeln. Solange diese Kommunikation in existenziell-expressiver Kreativität lebendig gehalten wird, ist das Möglichste für eine glückliche Beziehung getan – ohne dass damit ein unrealistisches Sicherheitsversprechen verbunden wäre. Erotische Kommunikation (mit den beiden Komponenten Sinnlichkeit und Compathie) ist der beste Ermöglichungsgrund für Beziehungsglück, nicht mehr, aber auch nicht weniger!

Lassen sich diese Bestimmungen noch erweitern oder konkretisieren? Und ist dazu wirklich ein Exemplar der Ratgeber-Literatur geeignet, an der immer wieder und zu Recht die Übernahme der Monogamie-Ideologie kritisiert wird? Nun, einerseits sollte man selbstverständlich jede Chance zur Vertiefung des Verständnisses von Erotik (und Liebe) nutzen, andererseits besteht diese Chance wohl nur, wenn die Anpassung an die herrschende Beziehungsideologie nicht (zu) stark ist. In Bezug auf die Ideologie-Frage kann das Buch von E. Perel als ein besonders reflektiertes Exemplar der Ratgeber-Gattung gelten. Sie nimmt explizit die Kritik an der technizistischen Behandlung von Beziehungsfragen auf: „Wir beschäftigen uns geradezu zwanghaft mit Fragen der Häufigkeit sexueller Aktivitäten und der Anzahl von Orgasmen" (S. 113). Das damit verbundene Monogamie-Gebot der sexuellen Treue bezeichnet sie dementsprechend auch als „eine der Hauptstützen patriarchalischer Gesellschaft" (S. 243). Sie beklagt, dass an diesem Punkt eine „Konvention […] als Überzeugung verinnerlicht" wurde (ebda.), sodass wir „eher bereit" sind, „eine Beziehung zu opfern, als ihre Struktur infrage zu stellen" (S. 242). Diese Kritik bezieht sie auch explizit auf die (eigene) Gruppe der Beziehungs-Therapeuten: „Wenn es jedoch um die Grenzen der Sexualität geht, machen sich, wie es scheint, die meisten Therapeuten die vorherrschenden Ansichten zu diesem Thema zu eigen" (S. 260). Dagegen sieht Perel die Ehe als eine „unvollkommene Einrichtung" (S. 254), die den Wunsch nach Einheit nicht erfüllen kann. Und wenn das offensichtlich wird, kreiden wir „dem Partner an, dass sich das Versprechen, mit ihm ein Ganzes sein zu können, nicht erfüllt hat" (ebda.). Unter Rückbezug auf die Kritik an der Monogamie-Norm (s. o. Kap. Ehe) ist daraus nur die Konsequenz zu ziehen, dass man eben sinnvollerweise etwas anderes als Maximum versprechen sollte: nämlich sich (unentwegt) zu bemühen, Erotik als Ermöglichungsgrund für Liebe zu realisieren. Ein Versprechen, das anspruchsvoll genug ist, aber wenigstens nicht unmöglich zu erfüllen …

Was kann nun eine Therapeuten-Perspektive, die nicht an der Durchsetzung der Monogamie-Norm (mit-)arbeitet, zum Verständnis von Erotik beitragen? Der Grundansatz von Perel besteht darin, dass Liebe für sie die Verbindung von Leidenschaft und Sicherheit anstrebt (S. 24ff.). Sicherheit aber bedeutet ein Übergewicht des Vorhersehbaren – und wirkt auf diese Weise kontraproduktiv auf die Leidenschaft. Erotik jedoch, das ist der rote Faden, den sie durch alle Problembereiche von Beziehungen hindurch verfolgt, Erotik „lebt vom Unvorhersehbaren" und damit der Überraschung (S. 33). Das Streben nach Intimität erfüllt sich in Wiederholung und Sicherheit (S. 47), was „unbeabsichtigt zu einem Rückgang des Verlangens" führt (S. 50). „Erotische Intelligenz" besteht daher darin, den nötigen Abstand aufrechtzuerhalten (oder wiederherzustellen) (S. 61ff.). Daraus resultiert ein engagiertes Plädoyer für Eigenständigkeit und Privatheit („Jeder braucht einen heimlichen Garten": S. 66), wie es auch schon Teil des offenen Beziehungs-Konzepts war (s. o. Kap. Beziehung). Im Zusammenhang mit dem jetzt erreichten Entwurf von erotischem Sprechen wird dadurch die potenzielle Wirkungsweise dieser sinnlich-metaphorischen Rede greifbarer. Wenn sie nicht auf vorgefertigte Stereotype, sondern auf Bilder aus der gemeinsamen Lebensgeschichte zurückgreift, liegt darin die Distanz zum in Selbstverständlichkeiten verhafteten Sprechen, eine Distanz in Form von Eigenständigkeit, Individualität und Ungewöhnlichkeit, die zur (gemeinsamen) emotional-sinnlichen Resonanz führt. Und auch hier wieder: Ob es sich bei dieser abstrakt als ‚Resonanz' bezeichneten Emotion mehr um ein wohliges Intimitäts-Gefühl oder eine sinnlich-intensive Erregung handelt, bleibt (mit der ganzen Bandbreite zwischen diesen Polen) den je individuellen Beziehungspartnern und ihren Glücksbedürfnissen vorbehalten.

Allerdings dürfte die Wirksamkeit solch erotisch-metaphorischer Worte sicher umso intensiver sein, je größer die sprachliche Sensibilität bei den Beteiligten ausgeprägt ist. Und hier hat nach allen psychologischen Forschungsergebnissen das weibliche Geschlecht (im Durchschnitt) einen bedeutsamen Vorteil, worauf auch Perel hinweist (S. 72f.). Sie geht sogar davon aus, dass die Betonung der Wichtigkeit von Kommunikation in Beziehungen mit der Unabhängigkeit und Selbstständigkeit der Frauen in unserer Gesellschaft Hand in Hand gegangen ist. „Die Feminisierung der Intimität" (S. 73) gerade auch in Form von erotischer Sprache würde dann in letzter Konsequenz die Emanzipation des Mannes aus jener Sprachlosigkeit bedeuten, die immer wieder nicht nur von feministischer Seite beklagt worden ist. Doch es lässt sich aus der Argumentation von Perel auch ein konzeptueller Gegenpol ableiten. Sie wendet sich sehr nachdrücklich gegen den „Mythos der Spontaneität" (S. 285ff.). Die meisten Menschen sind in der Rückschau davon überzeugt, dass die intensivsten, erfülltesten Liebeserlebnisse spontan, aus dem Augenblick heraus entstanden sind – vornehmlich am Anfang der Beziehung. Aber das ist ein durch Erinnerungsverzerrung entstandener Mythos, indem die damals vorhandene und bereits als erregend empfundene imaginative und reale Planung des Zusammenseins vergessen wird. Sich von diesem Mythos zu verabschieden, bedeutet, die Relevanz von Antizipation, Planung, Vorfreude etc. nicht nur im Gefühl zu behalten, sondern auch in gelebte Erotik umzusetzen.

Im Bereich der sinnlich-metaphorischen Sprache besteht die imaginative Planung in der Suche nach der optimalen Formulierung, im vorweggenommenen inneren Reden mit der/m Partner/in. Im Bereich der Compathie handelt es sich aber häufig nicht nur um die Formulierung empathischer Sätze, sondern auch um die Planung unterstützender Handlungen. Compathie zeigt sich sicherlich mindestens so stark in realen Handlungen der Fürsorge wie in Sätzen des Mitfühlens. Ob man diesen Pol dann mehr dem ‚männlichen' Part der Beziehung zuordnen will, kann an dieser Stelle offen bleiben (auch die Fürsorgehaltung spielt in der weiblichen Sozialisation in der Regel eine zentrale Rolle). Entscheidend ist in unserem Zusammenhang: Erotik besteht also schlussendlich aus sinnlich-metaphorischem Sprechen und compathie-expressivem Handeln! Wenn beides miteinander verschmilzt, ist sicher eine maximale Wirksamkeit zu erwarten; aber jeder Bereich stellt auch für sich eine essenzielle Komponente der Erotik als Ermöglichungsgrund von Liebe dar! Perel führt zwar die Vorbereitung eines Feinschmecker-Essens, die einschließlich der Besorgung der Zutaten einen ganzen Tag dauert (S. 288), nur als Beispiel für die Übertragbarkeit auf die lustvolle Planung sexueller Interaktion an, aber unter der Perspektive von Compathie haben solche Handlungen, wenn sie für die/den Partner/in eine Freude bedeuten, einen Wert an sich. Wenn sich darin das Bedürfnis ausdrückt, dem anderen durch die Erfüllung seiner Wünsche das Leben lebenswerter zu machen (mit Pathos gesprochen: sie/ihn glücklich zu sehen), haben solche Compathie-Handlungen auch selbst erotische Qualität. Das zeigt sich nicht zuletzt in der Vorfreude auf die positive emotionale Reaktion des Beschenkten und, wenn sie wie erhofft eintritt, in der gemeinsamen Freude darüber. Dabei dürfte die Intensität sicher am größten sein, wenn sich die beiden Aspekte der Empathie und der Fürsorge (Compassion) gegenseitig ergänzen: zum Beispiel indem ein nicht geäußerter Wunsch des Gegenübers erkannt wird und für dessen Realisierung Freiräume geschaffen werden (etwa ein freier Abend zum Konzertbesuch, der durch Übernahme von Haushaltspflichten ermöglicht wird …).

Damit lässt sich – zusammenfassend – das Bild von Erotik so weit wie möglich ausdifferenzieren und veranschaulichen, ohne ihren Zauber durch zu konkrete Festlegung(en) zu zerstören. Erotik ist, gemäß den metaphorischen Zeit- und Raumbildern von Octavio Paz, als Ermöglichungsgrund von Liebe zu verstehen. Sie ersetzt das unrealistische Glücksversprechen der romantischen Liebe, das so tut, als seien Glück und Liebe direkt und auf Dauer plan- und herstellbar. Das unerfüllbare Versprechen ewiger, ausschließlicher Liebe wird abgelöst durch das Versprechen, sich so intensiv und aktiv wie möglich um erotische Gemeinsamkeit zu bemühen. Aus solcher Gemeinsamkeit kann im besten Fall Liebe – auch dauerhaft – genährt werden, aber die Dauer ist eine empirische Frage, die sicher auch von Ausmaß und Vitalität dieser Gemeinsamkeit abhängt. Dabei lassen sich für die erotische Gemeinsamkeit zwei zentrale Komponenten identifizieren: sinnlich-metaphorisches Sprechen und compathie-expressives Handeln. Beides kann sich selbstverständlich auch ergänzen bzw. verbinden, aber jede Komponente stellt für sich einen Ermöglichungsgrund von Liebe dar. Über die Relation zwischen beiden Komponenten sollte es keine normativen Modell-Vorstellungen geben, sondern jede Partnerschaft sollte frei über ihre Gewichtung gemäß der je individuellen Glücksbedürfnisse entscheiden (können). Das entspricht dem graduellen Liebes-Konzept, das realistisch von einer möglichen Liebes-Vielfalt (s. o. Kap. Beziehung und Liebe) ausgeht. Der Realismus kommt aber auch darin zum Ausdruck, dass unterschiedliche Erotik-Bedürfnisse in einer Partnerschaft, sowohl was die Gewichtung der Komponenten als auch deren Realisierung angeht, zu einem Nicht-Entstehen oder Versiegen von Liebe führen werden. Selbst Erotik kann keine zeitlose Sicherheit geben, aber sie stellt den konstruktivsten, beglückendsten Umgang mit Unsicherheit dar – einschließlich des Bewusstseins der Vergänglichkeit, das die größte Chance zu deren (zeitweiser) Überwindung bietet.

Die beiden Komponenten des sinnlich-metaphorischen Sprechens und der compathie-expressiven Handlungen decken die existenziellen Grundbedürfnisse ab, in denen sich die aus Erotik gespeiste Liebe realisiert. Das sinnlich-metaphorische Sprechen transformiert die organismisch-sexuelle Dimension des Menschen in eine kulturell-sinnliche Existenzweise, die maximale Nähe durch Individualität, ja Ausschließlichkeit auf Bedeutungsebene ermöglicht. Das heißt allerdings: Ausschließlichkeit als Privatheit, nicht als Beziehungsverbot! Und diese Privatheit behält ein Moment der Distanz bei, insofern die Unbestimmtheit des bildhaft-Metaphorischen einen Raum für Imagination frei lässt, in dem sich Sehnsucht und Erfüllung nicht gegeneinander aufheben. Das bedeutet Kreativität in der Einbeziehung der gemeinsamen Beziehungs- und Lebensgeschichte zu (privat-)sprachlichen Bildern und damit eine Form von Alltags-Kunst (als Kunst der Alltagskommunikation). Paralleles gilt dann auch für die Komponente des compathie-expressiven Handelns. Compathie steht für die Verbindung von gegenseitigem Verständnis (Empathie, Seelenverwandtschaft etc.) mit Fürsorge (Unterstützung,

Geborgenheit etc.). Auf dieser Handlungsdimension wird das Element der Planung, Vorbereitung, Vorfreude und gemeinsamen Erfüllung deutlich sichtbarer als beim sinnlich-metaphorischen Sprechen, für das es aber ebenfalls im vorformulierenden inneren Reden eine Rolle spielt. Insgesamt zeigt die Ausdifferenzierung und Verbindung der beiden Komponenten Sinnlichkeits-Sprechen und Compathie-Handeln, dass zum einen der Faktor der Sexualität nicht dualistisch abgedrängt, sondern in kultureller Form einbezogen wird, ohne damit unsinnige, unrealistische Ausschließlichkeitsforderungen (qua Beziehungsverbote) zu verbinden. Zum anderen wird aber auch das compathie-expressive Handeln als eine Form von Erotik verstanden und vorgestellt, was sowohl für die Ratgeber-Literatur als auch für das sich in dieser widerspiegelnde gesellschaftliche Bewusstsein eine zumindest unerwartete Erweiterung darstellt. Doch der Argumentationsgang von der Monogamie-Kritik über die Konzeption einer Liebes-Vielfalt und das integrativ-anthropologische Liebesverständnis hat – hoffentlich – gerade diese Erweiterung plausibel, im besten Fall sogar unbedingt wünschenswert gemacht. Erotik ist, wie nun schon mehrfach angeklungen, als eine Form von Kunst zu sehen; und zwar nicht nur auf der Sprach-, sondern auch auf der Handlungsebene. Eine Form von alltäglicher Kunst, als Teil unseres alltäglichen Lebens. Sprach- und Aktionskunst eben. Wenn man will, kann man das als romantisch empfinden. Aber die so verstandene erotische Romantik wäre eine durchaus begründbare Ablösung der unrealistischen Liebes-Romantik, die auf sinnliche Leidenschaft eingegrenzt (worden) ist. Erotik-Romantik umfasst die Handlungsdimension mit all ihren potenziellen Verwerfungen, wie es ursprünglich durchaus auch für die (literarische) Romantik gegolten hat. Erotik löst daher, wenn man so will, auch das Romantik-Konzept wieder aus seiner ideologischen Verengung und bezieht vor allem das Vergänglichkeitsbewusstsein mit ein. So erweist sich Erotik schlussendlich als wirklichkeitsbezogene Alltagskunst, als Sprach- und Aktionskunst der Alltagskommunikation und -interaktion, die den sichersten Weg zur Unsicherheit des Liebes-Glücks bildet.

Nachbemerkung: Struktur der Buchkonzeption

Dass es auch beim Thema Erotik sinnvoll, ja sogar notwendig ist, konzeptuelle Reflexionen anzustellen, ist – hoffentlich – durch die Argumentation der vorhergehenden vier Kapitel deutlich geworden. Aber gerade weil sich dadurch eine inhaltliche Breite und Funktion für die Erotik ergeben hat, die erheblich von dem gewöhnlichen gesellschaftlichen Verständnis abweicht, kann und soll die argumentative Reflexion nicht den alleinigen Schwerpunkt der Darstellung bilden. Vielmehr geht es genauso darum, durch literarisch-biographische Veranschaulichungen Akzeptanz und Faszination für diese Form von Erotik und die damit verbundene Liebes-Vielfalt zu wecken. Im Idealfall sollten die Bandbreite des Erotischen und ihre Funktion für ein realistisches, nicht überforderndes Beziehungs- und Liebes-Verständnis auch und gerade aus den literarischen Miniaturen überzeugend hervorgehen, sodass die konzeptuelle Reflexion nur mehr zur argumentativen Erklärung der darin enthaltenen, veränderten Bewertungs- und Lebensperspektiven nötig ist – in einem optimalen Gleichgewicht von Emotion und Kognition …

Bei der literarisch-biographischen Darstellung sind die historischen Miniaturen vor allem aus der Sicht der weiblichen Protagonisten (bzw. der ‚weiblichen Rolle') verfasst; dabei handelt es sich praktisch durchwegs um (Liebes-)Beziehungen relativ prominenter Paare, über die genügend Datenmaterial vorliegt, das in Form einer literarisch-biographischen ‚Real-Fiktion' ausgearbeitet werden kann. Die Bezeichnung ‚Real-Fiktion' bezieht sich darauf, dass zwar für alle angeführten Biographien historische Fakten bezüglich der dargestellten Beziehung/en vorliegen, aber dass selbstverständlich die Innensicht der Akteure (zumindest zum Teil) hypothetisch erschlossen werden muss. Es wird also immer auch Elemente des Fiktiven geben, die aber ‚im Dienste des Faktischen' stehen, d. h. eine psychologische Kohärenz zu den nachweisbaren biographischen Daten aufweisen. Damit leisten die biographischen Miniaturen eine narrative Erklärung in der Verbindung von (sozial-)wissenschaftlicher (Kausal-)Erklärung und (literar-)ästhetischer Narrationsstruktur als ‚wissenschaftliche Kunstwerke' (im Sinne Diltheys), d. h. Literatur mit wissenschaftlichem Anspruch sowie Wissenschaft in literarischer Gestaltung (vgl. ausführlich Groeben 2020). Dabei richtet sich das Geschlechterverhältnis nach dem vorliegenden Datenmaterial, bezieht aber auf jeden Fall auch männliche wie weibliche homosexuelle Beziehungen mit ein. Auf diese Weise soll das Insgesamt der literarisch-biographischen Darstellung(en) so weit wie möglich auch die konzeptuell erarbeitete Beziehungs-Vielfalt repräsentieren. Wegen der Bedeutsamkeit von Sprache für die Erotik stammen die Biographie-Beispiele allerdings unvermeidbar vor allem aus dem literarisch-künstlerischen Bereich. Die biographischen Real-Fiktionen greifen dabei, wo immer möglich, in sinnvoller Auswahl und Zusammenstellung auf besonders aussagekräftige Formulierungen der historischen Personen zurück, in denen die vorliegende Faktenbasis zugleich mit einer literar-ästhetischen Erzählstruktur realisiert wird.

Was die Relation der biographischen Miniaturen zu den argumentativen Reflexionen betrifft, so basiert die Gesamtstruktur des Buches auf der Einsicht, dass Handlungsfaszination und -bereitschaft erst dann entstehen, wenn Kognitionen in motivierende Emotionen eingebettet sind. Deshalb stellt der argumentative Teil zwar das Zentrum des Buches dar, ist aber in die literarischen Biographien eingebettet, die über emotionale Identifikation die Motivation zur praktischen Übernahme der utopischen Beziehungskonzeption aufbauen sollen. Dabei akzentuiert der erste Teil von vier Biographien vor allem die Dimension der Sinnlichkeit, während der zweite (als Teil III nach den Argumenten) die Compathie als Schwerpunkt hat. Auf diese Weise soll durch die Verbindung von argumentativer und literarischer Darstellung eine integrative Anthropologie erreicht werden, die Denken und Fühlen, Vernunft und Emotion existenziell konstruktiv in Richtung auf ein realistisch erreichbares L(i)ebensglück vereint.

Literatur

N. Groeben (2020). Biographische Real-Fiktion als Paradigma narrativer Erklärung, Journal of Literary Theory 14 (2), 287–310

III.
Biographien
... *und Compathie*

Virginia Woolf
(1882–1941)
und Vita Sackville-West

Man sagt, im Moment des Sterbens hat man alle Bilder seines Lebens vor dem geistigen Auge, gleichzeitig und doch nacheinander, von der Kindheit an, eine Biografie der inneren Stationen, wie ein Roman ohne Handlung, aber in ungeschminkter Ehrlichkeit: das Werden und Vergehen der Gefühle, die höchste Form der Rechenschaft, wie sie nicht einmal Dichtung erreicht? Dann bedeutet diese Flut von Vita-Bildern, die sie jetzt überschwemmt, eine Form von Sterben? Das Ende ihrer Beziehung, zumindest ihrer Liebe, ihrer innig-geheimen Vertrautheit? Den Tod aller Bedeutung, zwischen ihnen und für sie, Verlust des Vertrauens und damit vom Ende her Zerstörung der Beziehungsgeschichte?!

Eine Geschichte von fast sechs Jahren, und jedes Jahr hat ihnen mehr Liebe geschenkt, als die meisten in einem ganzen Leben erfahren, zu erleben bereit sind – so hat sie es zumindest bisher gefühlt, vielleicht nicht immer gedacht, aber im tiefsten Inneren gespürt, auch und gerade in den Zeiten der hilflosen Angst und Verzweiflung. Nicht von Anfang an, wahrlich nicht, im Dezember 1922, als sie Vita kennen gelernt hat, geschah es zunächst eben nur im Raum gesellschaftlicher Konvention, den Mrs. Nicholson mit der geschmeidigen Ungezwungenheit der Aristokratie vollkommen beherrscht, aber schnurrbärtig, papageienbunt und vor allem ohne den Geist einer Künstlerin – trotz ihrer literarischen Erfolge unter dem Geburtsnamen Sackville-West! Und auch das Jahr 1923 brachte nicht mehr als einen stotternden Anfang. Sicher, es war ihr nicht entgangen, dass die zehn Jahre jüngere, als entschiedene Sapphistin bekannte Vita in sie verliebt war, es schmeichelte ihr, aber es ergab sich keine Gelegenheit, in einem ungestörten tete à tete die Tiefe dieses Gefühls auszuloten. Selbst der Besuch des Ehepaars Nicholson im Bloomsbury-Kreis war keine Offenbarung, Vita nahm nur die Stichworte ihres Ehemanns Harold auf, und beide hatten nichts Substanzielles zur Diskussion beizutragen. Vermutlich sollte es eine Art Gegengewicht zu dieser Enttäuschung sein, dass Vita – aufgrund ihrer Verkaufserfolge längst Mitglied – sie anschließend zur Aufnahme in den PEN-Club vorgeschlagen hatte. Aber auch wenn sie Vita in der ersten Freude über diese Aufmerksamkeit die Anrede mit den Vornamen angeboten hat, letztlich fühlte sie sich bei dem gut gemeinten Ansinnen wegen ihrer

Zurückhaltung gegenüber bloßer Konventionalität – wie der eines solch reinen Dinner-Clubs – vor allem unverstanden, weswegen sie eben doch umgehend abgelehnt hat. Eine Phase des gegenseitigen Schweigens war die Folge, aber nur für ein Jahr!

Es war Vita, das muss sie zugeben, die Anfang 1924 wieder den Kontakt gesucht hat. Warum es diesmal klappte, so genau weiß sie es selbst nicht, aber wenn sie sich zurück erinnert, war es wohl hauptsächlich ihre Neugier auf diese Frau voller Widersprüche und doch auch mit Parallelen zu ihr selbst. Vollbusig und üppig sieht sie aus wie die personifizierte Mütterlichkeit, zugleich zeigt sie nicht nur körperlich das Gardemaß und die Härte eines Grenadiers, gepaart mit der selbstsicheren Eleganz und Souveränität des jahrhundertealten Adels. Und trotz ihrer größeren literarischen Beliebtheit hat sie von Beginn an die geistige Überlegenheit von ihr, Virginia, nicht nur anerkannt, sondern fasziniert und begeistert bewundert, hat sich nie gegen diesen scherzhaft-ironischen Kosenamen Eselin-West, den sie von ihr erhalten hat, gewehrt, ihn sogar als ein Symbol ihrer durchdiskutierten gemeinsamen Nächte geliebt! Letztlich sogar vielleicht, nein sicher, auch als Symbol der Einzigartigkeit ihrer Beziehung, ihrer Liebe. Denn von keiner ihrer anderen vielen Lieben, die sie als bekennende Sapphistin eingegangen ist, hätte sie diese Anrede, wenn auch nur in der Intimität der privaten Korrespondenz oder geflüsterten Nähe, akzeptiert: von keiner! Nicht von Dorothy Wellesley, nicht einmal von Violet Trefusis, dieser jahrelangen intensivsten Liebe, die sogar kurz die Ehe der Nicholsons gefährdet hatte. Allerdings ohne dauerhaften Schaden, denn trotz der zwei Söhne war Harolds Interesse nun einmal in erster Linie auf das eigene Geschlecht gerichtet – wie es ebenso für Vita galt. Auf diese Weise konnten sich die beiden gegenseitig Verständnis und Halt entgegenbringen, solange sich kein unbeherrschbarer Wirrwarr, zum Beispiel aus der Gleichzeitigkeit mehrerer Beziehungen, entwickelte. Die Nicholson-Ehe war genauso stabil wie ihre mit Leonhard, sie schienen im weiten Umkreis die einzigen glücklich verheirateten Paare zu sein. Wenn auch aus deutlich unterschiedlichen Gründen. So hatte sie selbst Leonhard zwar bereits vor der Hochzeit in brutaler Offenheit erklärt, dass sie ihn körperlich nicht begehrte, aber in erster Linie wegen ihrer Erfahrungen mit dem männlichen Geschlecht, angefangen mit dem Stiefbruder George, der seine Machtposition gegenüber den noch kindlichen Stiefschwestern schamlos ausgenutzt hatte, im Endeffekt: schamverletzend! Doch Leonhard hatte sich nicht beirren lassen, nicht einmal durch die mindestens so schlimme Geschichte ihrer geistigen Verwirrungen und Verzweiflung bis hin zu dem unheimlichen Todeswunsch, den sie auch mit ärztlicher Hilfe nicht hatte überwinden können, im Gegenteil. Einzig und allein Leonhard gab ihr ein Rudiment an Sicherheit, mit seinem schier unendlichen Verständnis und zugleich der unbeugsamen Rationalität eines geregelten Tagesablaufs. Er war ihr Halt, soweit sie überhaupt dazu fähig war.

Ohne diese Sicherheit hätte sie auf Vitas Vorwurf, dass sie Menschen mehr mit dem Verstand als mit dem Herzen mochte, vielleicht mit Rückzug reagiert, nicht mit diesem Schmerz, der das erste Stadium von Intimität bedeutet. Vielleicht wäre es nie zu ihren Besuchen auf Schloss Knole, dem jahrhundertealten Stammsitz der Sackville-West, und noch weniger in Long Barn, dem Wohnsitz der Nicholsons in Kent gekommen. Dort, wo sie mit Vita die Nächte durchdiskutierte, über Literatur, Ästhetik und die Liebe – und nicht nur diskutierte. Danach war sie sich sicher, dass sie Vita durch ihre Briefe nicht erschrecken würde, weder mit der literarischen Kritik, die sie sowieso immer fraglos akzeptierte, noch durch die sicher viel weniger erwarteten sehnsuchtsvollen Visionen: etwa wie Vita in Kent in einem großen Bottich mit den Füßen den Hopfen stampfte – splitternackt, braun wie ein Satyr und sehr schön! Nein, auch Vita hatte sich schließlich erklärt: dass dort, wo sie von Wertschätzung gesprochen hatte, Liebe gemeint war! Dass sie in jener Dezembernacht Ende 1925, als sie, Virginia, sich, wie Vita es nannte, so skandalös benommen und sie umgarnt hatte, ihr Herz für immer gewonnen hatte. Zärtlichkeit, Intimität, Vertrautheit, alles war für beide zu einem unsäglichen Schmerz verschmolzen, als Vita im Jahr danach Harold nach Persien nachreisen musste, der damals partout noch nicht von seiner Karriere im diplomatischen Dienst lassen wollte. Ihre Briefe, in denen sie sich gegenseitig versicherten, wie sehr sie sich vermissten, waren der einzige Balsam, wenn auch nur für ein paar Tage, nein Stunden, wieder und wieder, ohne wirklich getröstet zu sein, denn Trost gab es nur im Zusammensein, in der Durchdringung von Seelenfreundschaft und Verlangen. Auch wenn es nach Vitas Rückkehr, wie eigentlich stets, eine Zeit lang dauerte, bis sie wieder zusammenkamen, allein, des Nachts und auf dem Sofa ihrer unauslöschlichen Erinnerungen. Doch wie sehr, wie geheim und vertraut, sie zueinander fanden, erstaunte sie sicher mehr als Vita, diese Erfahrung, dass sie alles, Teetrinken, Dinieren, Lesen, sogar Schreiben öde fand, wenn sie nicht eine sehen konnte: Vita! Und wenn Vita das Innerste ihrer bebenden Freundin nach außen hätte wenden können, hätte sie nach jedem Zusammensein gesehen, wie jeder ihrer Nerven von Feuer durchströmt war, ungestüm und doch ruhig ... Immer wieder musste sie sich sagen, dass Vita für sie alles andere verdorben hatte – verdorben – verdorben! Von ihr hatte sie diesen durchdringenden Schrei gelernt ... Von der Treulosen, die dann trotzdem 1927 ein zweites Mal nach Persien ging, sie zu verlassen bereit war! Wenn überhaupt, konnten die Schmerzen der Trennung, wie schon vorher und auch später, nur durch die Symbole ihrer Intimität betäubt werden, immer wieder in den Briefen aufgerufen, in dieser Nabelschnur des Lebens. Diese Bilder in Vitas Briefen zu lesen, bedeutete schmerzende Sehnsucht, aber sie selbst zu schreiben den größeren Trost. Die Erinnerung, wie Vita im Fischladen von Sevenoaks stand, mit ihrem langen rosa Jersey und der Perlenkette, glühend, strahlend wie von unzähligen brennenden Kerzen. Wenn jemals eine Frau eine Erleuchtung für sie war: dann Vita! Wie oft hat sie sich in ihrem Sehnen als Grizzle gefühlt, die räudige Hündin, aber die schäbigsten Bastarde sind immer die liebevollsten, warmherzigsten Geschöpfe. Wie herzzerreißend war es für sie, wenn Vita fortging, als sänke sie unter den Rand der Welt, und wie fröhlich wurde ihr, wenn sie wieder aufstieg. Wenn Sie beide sich auf dem Sofa trafen, und sei es nur in Gedanken, Worten, Erinnerungen, auf dem Sofa, das seit jener Nacht der gegenseitigen Umgarnung für die höchste Form der Freude stand. Eine Freude, so vertraut und geheim, dass Vita die Idee mit den zwei Briefen in einem Umschlag entwickelt hatte: einem offiziellen, den man auch Leonhard vorlesen konnte, und einem privaten, der nur für ihr Schlafzimmer gedacht war. Denn manches Stichwort wäre in der Tat zu leicht entschlüsselbar gewesen, mit ein bisschen Phantasie und Lebenserfahrung hätte sich jeder vorstellen können, was ‚Schnarch – schnarch – schnarch' bedeutete. Diese wohlige Erschöpfung nach den höchsten Liebeswonnen, die sie hatte aneinandergeschmiegt in tiefen Schlaf fallen lassen ... In solchen Momenten, auch in der Erinnerung, fühlte sie sich nicht mehr als Grizzle, sondern als Potto, jenem realen Äffchen und zugleich fiktiv-liebenswerten Fabeltier ihrer Phantasie, ihrer Phantasien für und von Vita. Das Glück des Phantasierens hatte sie, wenn es sich um Vita drehte, ausnahmsweise nicht nur im Moment des Einfalls, sondern auch während der sonst so qualvollen Phase der literarischen Ausarbeitung erfüllt. Der Ausarbeitung von *Orlando,* jenem Denkmal für Vita, in all ihrer Widersprüchlichkeit und Stimmigkeit, Tiefe und Oberflächlichkeit, sapphistischen Bestimmtheit und Promiskuität, über jede Geschlechtergrenze hinweg, mit der haltlosen Würde eines vierhundertjährigen Adelsgeschlechts: Das war *Orlando, eine Biographie* von 1568 bis 1928, eine Geschichte von Vita-Inkarnationen: als junger schriftstellernder Adliger zur Zeit Elisabeth der Ersten, als Botschafter in Konstantinopel, wo er nach einem langen Schlaf als – verheiratete – Frau erwacht, ohne dort trotz aller Faszination heimisch zu werden, sodass sie zurück im England des 18. Jahrhunderts den Austausch mit den berühmtesten Literaten der Epoche sucht, allerdings ohne Erfolg, der sich erst nach dem nächsten Zeitsprung ins Viktorianische England mit ihrem seit Jahrhunderten fortgeschriebenen National-Gedicht einstellt, das einen Literaturpreis gewinnt – auch das, wie alle übrigen Stationen, parallel zu Vitas Biographie, in diesem Fall der Hawthornden-Literaturpreis für ihr Gedicht *The Land*. Dass ihr die Abfassung von *Orlando* in diesem einen einzigartig glücklichen Herbst gelungen ist, will ihr auch heute noch als Symbol für das schmerzhaft intensive Glück ihrer gemeinsamen Jahre erscheinen.

Leidenschaft ohne jede Verengung, ohne die Trennung von Körper und Geist, die sie so oft beim männlichen Geschlecht erfahren, erlitten hat. Denn das, was der Mann Liebe nennt, ist eine matte, grobschlächtige, langweilige Leidenschaft, wenn und weil sie nicht Anteile von Phantasie, Intellekt, Poesie in sich hat. Warum nur machen die Leute um Heirat und Beischlaf solch einen Wirbel? Warum verändern sich Frauen, wenn sie ihre Keuschheit verlieren? Welch eine Übertreibung des Orgasmus! Welch eine unnötige, unsinnige Toleranz gegenüber der Monotonie in der Unterhaltung junger – und nicht nur junger – Männer mit dem ewigen Druck auf eine einzige Saite, den sie ausüben, wenn man eine Frau ist. Nein, wer als Frau niemals dem Zauber des eigenen Geschlechts erlegen ist: Was für ein verdorrter Garten muss die Welt dann sein! Was für Avenuen von gepflasterten Trottoirs und Eisenzäunen! So sehr der männliche Verstand zu respektieren ist, enthält er doch in aller Regel keinen Funken Charme in sich. Die Szenerie der Welt gewinnt keinen Glanz durch seine Gegenwart. Also war sie schon vor Vita entschlossen, vor allem die Gesellschaft von Frauen zu kultivieren. Männer sind immer alle im Licht: Mit Frauen schwimmt man sofort in eine schweigende Dämmerung. Gerade bei Katherine Mansfield hat sie von Anfang an dieses Gefühl, dieses Bedürfnis gespürt; und vielleicht hätte es sich doch noch erfüllt, hätte sie nicht der Tod abrupt und endgültig getrennt. 1923, das Jahr von Katherines Tod, erscheint ihr in der Rückschau wie eine Zeit der Vorbereitung auf Vita, auf das endlich ihrem Willen gehorchende Vergessen: dass sich nicht bei jeder Intimität die Erinnerung an George dazwischen drängt, wie sich seine Hand unter ihre Kleider schob, energisch und immer tiefer, obwohl sie sich in der Hoffnung, er möge aufhören, steif machte und wand, wenn diese Hand ihren Geschlechtsteilen näher kam. Aber die

Hand hielt nicht inne, tastete sie ab, abstoßend, empörend – ihre dumpfen, wirren Gefühle von damals waren so stark, dass sie ihr jahrzehntelang im Gedächtnis blieben, anscheinend unbeherrschbar. Bis Vita kam. Zwar sind die Erinnerungen noch vorhanden, aber gerade nicht in den Momenten schwimmender Dämmerung, sondern außerhalb und nur, wenn sie ihnen erlaubt, aus dem Dunkel der Vergangenheit aufzusteigen. Das ist die Freiheit, die sie Vita verdankt, die fast absolute Freiheit, wäre da nicht noch die Angst vor ihren Phasen verzweifelter Verwirrung, vor der wahnsinnigen Angst. Aber auch diese Ängste sind in den Stunden vergessen, da sie beide vor dem Kaminfeuer den sprühenden Intellekt endlosen Diskutierens genießen, auf dem Weg zur intensivsten Tiefe des Fühlens auf ihrem Sofa, wo immer es in welcher Form an welchen Orten in den letzten Jahren auch gestanden hat.

Doch das bedeutete nicht, dass sie sich wie Vita zu einer demonstrativen Sapphistin bekehrt hätte. Ihr missfiel, wie Vita ganz richtig erkannt hatte, das Besitzergreifende und Beherrschenwollende an den Männern, ja, und die fehlende Lebenskunst, das Abwürgen der Phantasie, bei den meisten zumindest. Zwar hatte sie sich – selbstverständlich – am Protest gegen die Zensur beteiligt, gegen das Verbot von Radclyffe Halls *The Well of Loneliness*, das vom Innenminister einzig und allein wegen seines lesbischen Inhalts verboten worden war. Literarisch wahrlich kein exquisites, nicht einmal ein gutes Buch. Aber es ging ums Prinzip: dass man die Freiheit der Kunst genauso wie die Selbstbestimmung der Menschen auf dem Gebiet der persönlichen Beziehungen verteidigen musste. Sie wäre sogar als Zeugin in dem Prozess gegen den Verlag, der das Buch veröffentlicht hatte, aufgetreten, hätte ihre Reputation in die Waagschale geworfen. Dass es nicht dazu gekommen war, lag vermutlich gerade daran, dass der Richter jede vernünftige Diskussion vermeiden wollte und deshalb das Verbot ohne Verhandlung bestätigt hatte, mit der skandalösen Begründung einer angeblichen Obszönität! Aber das konnte sie doch nicht verpflichten, jetzt in einen Feldzug für das Lesbentum einzutreten. Selbstredend, manchmal lieben Frauen Frauen, natürlich! Aber daraus ein Glaubensbekenntnis oder ein Lebensprinzip zu machen, führt zu dieser Schulmädchenatmosphäre, die sie auch an der Schar der Vita-Freundinnen partout nicht mochte. Jedenfalls wollte sie unter keinen Umständen in diese Kategorie eingeordnet werden, in diese nächste Verengung, die zwar eine Antwort auf männliche Beschränkungen war, aber dennoch die individuell-persönliche Liebe verfehlte. Man liebt nicht Kategorien, sondern Personen, Menschen gleich welchen Geschlechts. Trotzdem hat sie Vitas – allgemein bekannte – Neigungen nie abgelehnt, hat sie vielmehr ermutigt, all ihr Verlangen auszuleben, das nun einmal zu ihrer Person gehörte. Der Person, die sie liebte, ohne egoistische Begrenzungen, ohne diese üblichen Versuche, den anderen zu ändern, nach dem Bild, das für einen selbst am einfachsten ist, wodurch jedoch gerade die Liebe, die umfassende Liebe zu einer wirklichen Person, verfehlt wird. Dessen hatte sich Vita doch immer sicher sein können: dass sie sich nicht vor ihrem liebevollen Potto verstecken musste.

Aber nichts anderes hat sie nun mit diesem Verschweigen getan! Wieso hat sie ihr nicht ehrlich erzählt, seit wann sie diese Reise mit Hilda Matheson geplant hat? Anscheinend schon seit langer Hand, vielleicht bereits seit Ende letzten Jahres, wie sie es jetzt aus dritter Hand erfahren hat. Warum hat sie ihr vorgespielt, dass es sich um einen spontanen Entschluss handelte? Es gibt nicht einmal die Entschuldigung, dass 1928 vielleicht ein besonders schwieriges Jahr für ihren Potto war, sodass sie darauf hätte Rücksicht nehmen müssen. Nein, sie hat es schlicht geheim gehalten, weil das Vertrauen fehlte. Gegen alle Erfahrung, die sie mit ihrem Virginia-Potto gemacht hat. Gab es da nicht früher – und bis heute – Dotty Wellesly, die Marys, Hutchinson und Campbell, und wen sonst noch, die alle ihrer beider gegenseitigen Liebe keinen Abbruch getan haben. Gut, sie hat sich bisweilen über Vitas Herumhuren und Promiskuität mokiert, aber doch immer mit jenem ironischen Einverständnis, das sie keinen Deut breit voneinander entfernt hat, das nie auch nur eine Minute auf ihrem Sofa gestört oder gar verhindert hat! Ehrlichkeit ist unverzichtbarer Teil von Nähe und Vertrautheit, selbst wenn sie im ersten Moment vielleicht schmerzt. Hat Vita denn nicht begriffen, warum sie sich mit Kritik an ihren literarischen Werken nie zurückgehalten hat, doch nicht aus Eifersucht auf Vitas Verkaufszahlen, sondern um des gegenseitigen Vertrauens willen. Wie sehr viel leichter wäre es gewesen, Vitas Schreiben einfach unkommentiert zu lassen, aber es wäre ihr wie eine Lüge vorgekommen, ein Lügen durch Verschweigen. So wie sie sich jetzt von Vita belogen fühlt über deren Beziehung zu Hilda. Solange sie Bescheid wusste über Vitas Gefühle zu wem auch immer, lag darin die größere Nähe, stand sie über allen und vermochte über allem zu stehen. Aber jetzt? Diese innigste Vertrautheit und Nähe sind verloren, und damit auch die Bedeutungen der Vergangenheit. Wie soll sie jetzt noch an die Bilder und Symbole ihrer Intimität denken, wenn sie gar nicht die Nähe bedeuten, die sie immer damit verbunden hat? Die leuchtende Gestalt Vitas im Krämerladen, der nackte Satyr

Vita beim Hopfentreten und der weiche Druck ihrer Brüste beim Einschlafen nach der tiefsten Seligkeit? Das ist die Gefahr bei der Liebe, die den Geist nicht vom Körper trennt: dass die Bedeutungen auch nachträglich, rückwirkend noch zerstört werden können!

Vielleicht nicht völlig zerstört, aber doch immer mit Zweifeln behaftet. Mit der Angst vor Verlust, so wie ihr das Leben in den Zeiten der Verzweiflung und Verwirrung nur Angst bedeutet. Sie wird weiter Vitas Nähe suchen, sicherlich, aber Vita ist nun ein Teil der Lebensangst, steht nicht mehr außerhalb von ihr, nicht mehr über ihr. Was auch immer mit der Liebe zu Vita geschehen wird, sie wird die Frage des Überlebens nicht entscheiden ... können ...

Claire Goll
(1890–1977)
und Yvan Goll

Vier Jahre hat sie nun Yvans Werben widerstanden. Nicht dem Werben um sie selbst – nicht gegen seine überbordende Liebe hat sie sich gewehrt, nur gegen das Verlangen, ihre Beziehung amtlich zu machen, denn gegen jedes offizielle Papier einer Eheschließung hat sie nun einmal seit Studer einen bleibenden Widerwillen: zumindest gehabt. Obwohl die Hauptschuld an der Ehekatastrophe mit Studer weniger bei ihm als bei ihrer Mutter lag. Ein solches sadistisches Ungeheuer voller Hass, Verstellung und Rachsucht wie ihre Mutter war irgendwann einfach nicht mehr auszuhalten gewesen, und der einzige Ausweg aus diesem Albdruck war für sie damals eben die Heirat. Aus den zahlreichen Verehrern erschien ihr in dieser Situation, mit ihren 21 jungfräulichen Jahren, Studer die beste Wahl, als eine verwandte Seele – konnte sie sich doch mit ihm als Verleger intensiv und ausdauernd über Literatur und Kunst unterhalten. Doch in der Alltagsrealität hatte er sich schnell als egoistisch gefühlloser Ehemann erwiesen, den auch die Geburt der Tochter Doralies im folgenden Jahr nicht von seinem ausschweifenden Leben außerhalb der Familie abzuhalten vermochte. Um aus diesem Ehe-Gefängnis auszubrechen, hatte sie sich in einem ersten Schritt einen Liebhaber gesucht, wieder einen Verleger, der jedoch seinen Beruf ernst nahm und sich gerade anschickte, zum bedeutendsten Organisator der neuen expressionistischen Schriftstellergeneration zu werden. Durch ihn hatte sie den damals neunzehnjährigen Franz Werfel kennengelernt, dessen feuriger Überschwang sie zwar ebenfalls emotional eher abstoßend fand, der sie aber schließlich zum eigenen Schreiben angeregt hatte. Nachdem Studer auch noch gewalttätig geworden war und seine Bordellbekanntschaften mit nach Hause brachte, hatte sie den zweiten und endgültigen Schritt vollzogen, war aus der gemeinsamen Wohnung ausgezogen und hatte die Scheidung eingereicht. Parallel zu diesen Verwerfungen im Privaten hatte sich Deutschland zudem noch in die kriegerische Raserei eines Weltkriegs gestürzt, sodass sie nach der erfolgreichen Scheidung 1917 nichts mehr in Deutschland gehalten hatte und sie umgehend in die neutrale Schweiz übergesiedelt war. Dort hatte sie dann unter anderem auch Yvan getroffen, der gleich bei der ersten Begegnung verkündet hatte: „Sie sind mein Schicksal!" Wie gehabt hatten ihr seine Heftigkeit und die Leidenschaftlichkeit seines Werbens zunächst Angst eingejagt. Aber nur ein halbes Jahr lang, dann war sie der Faszination seiner Sprache, seines künstlerischen und politischen Engagements, seiner sozialen Selbstlosigkeit und seiner erotischen Vitalität erlegen. 1918, in Ascona, hatten sie das Ende des Weltkriegs feiern können, vor allem aber auch über das gemeinsame Naturerleben zu einer nie erwarteten heiteren Gelassenheit gefunden. Trotzdem hatte sie sich auf einmal an der Seite Rilkes wiedergefunden, dieses märchenhaft ästhetischen und zugleich unstillbar narzisstischen Egozentrikers, der allerdings zu dauerhafter Zuneigung und Gemeinsamkeit schlicht unfähig war. Er wollte sie einsperren, während Yvan der Welt gegenüber offen war und sie auf seinem Weg mitriss. Also war sie Ende 1919 zu ihm zurückgekehrt, nach Paris, wo sie seither die glücklichsten Jahre ihres Lebens verlebt hat: aufgehoben in der vitalisierenden Gemeinschaft der unterschiedlichsten Künstlerkolonien und noch mehr in dem wahrlich überwältigenden Verständnis zwischen ihnen beiden, gegenseitig, füreinander, miteinander. So hat sie nun doch seinem Drängen nachgegeben und ist zehn Jahre nach der ersten eine zweite Heirat eingegangen. Allerdings letztlich, weil sich die Verbindung mit Yvan wie die erste wirklich reale anfühlt! Bei ihm hat sie alle Männer vergessen, die sie früher gekannt hat: von Studer über Wolff bis zu Rilke. Alle sind mit der Zeit so ferngerückt, als sei sie ihnen in einem früheren Leben begegnet oder als sei es gar nicht sie selbst gewesen, sondern eine Freundin, die diese Erlebnisse gehabt und ihr dann davon erzählt habe. Alles verblasst schemenhaft gegenüber der Verbindung von Liebe und geistiger Orientierung, die sie mit Yvan teilt. Erst diese Art von Komplizenschaft hat sie auf seine Schwüre vertrauen lassen: dass er sie nie verlassen wird, weil er sich damit selbst verlassen würde. Erst dadurch kann sie all seine Zärtlichkeiten erwidern: dass er sie beim Einschlafen träumt ... wenn er von ihren Beinen schreibt, nicht nur mit schwellenden Worten ... davon, dass jede Trennung nur noch mehr ihre ungeheure Liebe füreinander beweist ... weil er ohne sie wesenlos durch die Stadt weht, an den Menschen entlang! Ja, sie fliegt zu ihm hin, viel öfter als er denkt. Und streichelt ihn ... betrachtet lange sein Photo und spricht mit ihm ... Überall sieht sie nur ihn, in den jungfräulichen Gärten, in dem sich ständig entziehenden Meer, in den Sonnenstrahlen, die ihr ohne ihn das Herz verbrennen ... trotz ihrer Vergangenheit gehört sie nur ihm, so wie sie keinem Menschen je gehört hat, heute und für immer!

Muss sie nun ein schlechtes Gewissen haben? Daran, dass Hitler während ihrer Schiffsreise nach New York Polen überfallen hat, war doch höchstens der Zeitpunkt überraschend, nicht die Tatsache an sich. Nur die ewig unrealistischen Optimisten hatten noch die Augen verschließen können vor seiner Menschenverachtung, nicht allein gegenüber den Juden. Aber gerade deshalb mussten Yvan und sie mehr als dankbar sein, dass sie dieser Krake der Unmenschlichkeit noch rechtzeitig hatten entfliehen können. Auch wenn sie sich auf diese Weise nicht mehr an dem sowieso aussichtslosen Kampf gegen die Nazi-Schergen beteiligen konnten. Mit ihren Waffen, den Worten, war dieser Kampf ohnehin nicht mehr zu gewinnen. Nein, deshalb macht sie sich keine Vorwürfe. Schon eher wegen ihrer Erleichterung, fast sogar Fröhlichkeit, dass dadurch der achtjährige Albtraum der Beziehung Yvan – Paula Ludwig wirklich und wahrhaftig beendet scheint. Ein Martyrium von Eifersucht, das er immer wieder zu beenden versprochen hat, das sie immer von neuem zu beherrschen versucht hat, genauso erfolglos wie er: ihre durchgängigste Gemeinsamkeit in dieser Zeit. Schon an der betont beiläufigen ersten Erwähnung Paulas in Yvans Briefen aus Berlin 1931 hat sie gemerkt, dass es sich diesmal nicht um eine der vielen sexuellen Eskapaden handelte, die sie sich gegenseitig immer zugestanden haben. Ganz in dem Sinn, wie Yvan es einmal formuliert hat: aus Verzweiflung, weil und wenn sie die segnenden Armen des anderen nicht um sich spüren. Aber Paula bedeutete Yvan mehr, gerade weil er sein Gefühl als Johannisfeuer bezeichnet und beteuert hatte: Johannisfeuer dauern nur eine Nacht. Denn gleichzeitig hatte er ihr seine Liebe wegen ihrer Klugheit versichert, mit der sie Lebendiges ausreifen ließ, wohl vor allem: ausreifen lassen sollte! Und sie hatte es ja auch versucht, mit aller Kraft ihrer verletzten Seele. Hatte sich selbst ermahnt, dass man Männern nichts vorwerfen sollte, sonst kommen sie sich wie Häftlinge vor und träumen von ihrer Befreiung. Aber wenn sie allein war, blieb sie vor Eifersucht nächtelang wach und krallte die Nägel in ihr Kopfkissen. Yvans permanente Beteuerungen, dass er sich von Paula trennen wollte, waren überhaupt keine Hilfe, im Gegenteil sie machten alles noch viel schlimmer, durch die unausweichliche Abfolge von Hoffnung, Enttäuschung, Verzweiflung und rasender Ohnmacht. Hatte er nicht schon nach kurzer Zeit behauptet, er habe genug von Paulas Temperamentlosigkeit? Aber dann brauchte er Zeit und immer wieder Zeit, um mit ihr zu brechen. Stattdessen hatte er ihr sogar einen Gedichtband aus Paulas Feder geschickt. In ihren Gedichten meinte er ihre Leidensfähigkeit zu erkennen, die er schrankenlos bewunderte. Erschütterte ihn gedrucktes Leiden wirklich mehr als verborgenes, als ihr Leid, das sie jede Nacht durchlebt hat, Monate, Jahre lang?! Trotzdem hat sie ihm ihre unverbrüchliche Liebe versichert.

Schließlich war er jahrelang so gut zu ihr, davon konnte er noch endlos zehren. Sie hat ihm in größter Zärtlichkeit gewünscht, dass er so glücklich sein möge, wie er nur kann. Dass er liebe und lebe, frei und unabhängig. Kein anderer konnte ihr die innere Übereinstimmung geben, die sie bei ihm fand. Er würde immer der wahre Geliebte ihres Herzes bleiben, ihr Bruder, ihr Mann, daran wird nichts und Niemand und keine Niemandin je etwas ändern! Doch dann kamen wieder Yvans gleichlautende Beteuerungen, ohne jegliche Konsequenzen, so als wolle er den Wert ihrer aus Verzweiflung geborenen Zeilen irgendwie schmälern. Dass er auch bei Paula unsäglich einsam bleibe, dass er bei ihr kein Glück, sondern nur Selbstvergessen sucht, dass sie beide entschlossen sind, sich nach diesen Herbsttagen nicht wiederzusehen, dass er zum letzten Mal mit ihr zusammen ist, dass es sich um eine Abschiedsfeier handelt. Aber in Wahrheit war er immer wieder zu ihr hin gezogen, nicht nur bildlich, er hatte in Berlin oder Ehrwald gemeinsam mit ihr gelebt, ja sie nach Paris mitgebracht. Sie selbst hatte trotzdem versucht, sich an seinen wärmenden Augen, an seinen Prophetenaugen festzuhalten. Das Wichtigste, wichtiger als Schlaf, Nahrung und Licht waren immer schon seine Worte für sie. Nachdem er aber selbst ihr Vertrauen in seine Worte zerstörte, hatte sie keinen Halt mehr, mussten ihre Nerven reißen, brachte sie die Kraft zum Weiterleben nicht mehr auf. Der Traum, zusammen alt zu werden, zerfiel zu Staub. Die Dritte hatte einen Keil in dieses Gefühl und damit sie in den Tod getrieben. Die Dosis Veronal, die sie gegen ihre Schlafstörungen einnahm, brauchte sie nur ein wenig zu vervielfachen und schon konnte sie in den tiefsten längsten Schlaf versinken. Der Entschluss war nicht schwer, weil sie selbst den Moment wählen konnte, in dem sie nichts mehr hielt. Wenn die Stunde da war, erleichterte verzweifelte Resignation den Schritt. Also keine Rede von Heldentum, genauso wenig wie von Feigheit!

Doch Yvan hatte, mit welchem Gefühl auch immer, seine Post holen wollen, und sie war im Hospital Cochin erwacht, war doch wieder aufgewacht. Der Weg zurück war nicht einfach, wurde aber eben entscheidend erleichtert durch die von den Zeitläufen erzwungene Trennung. Yvan getrennt von Paula! Ja, doch, sie hat ein schlechtes Gewissen. Weil sie diese Trennung gebraucht hat, um zu ihm zurückzufinden. Weil sie den Zetteln, die er ihr so oft vor seiner Abreise unter der Bettdecke zurückgelassen hat, nicht getraut hat. Obwohl er doch gerade dagegen angeschrieben hat: „Glaube an mich! Warte auf mich! Ich liebe dich!" Doch sie hatte gezweifelt, mehr noch, hatte ihre intimste Verbindung verloren gegeben: Als sie sich und ihn an die Abende ihrer Leidenschaft vor der Paula-Zeit erinnert hatte, an ihren Gesang für ihn, Lieder von Brahms, Schubert, Schumann – damals hatte er sie mit Tränen in den Augen gebeten, nie für einen anderen zu singen. Und er hatte ihren Schwur mit dem Versprechen erwidert, nie für eine Andere Chopin zu spielen. Auf der Gitarre oder Mandoline. Sie hatte die Erinnerung aufgerufen und ihn dabei zugleich von seinem Schwur entbinden wollen. Er aber hatte umgehend telegrafiert: „Meiner Seele Töne gehören Dir. Finger klagen nur für Dich. Vom Chopingelübde entbindet nur der Tod. Niemand weiß, daß ich Mandoline spiele." Jetzt weiß und fühlt sie es wieder: Er mag woanders gewesen sein, aber er ist niemals weg gewesen, nie weg von ihr!

Im Vergleich zu New York fühlt man sich in Paris auch zwei Jahre nach Kriegsende noch wie mitten in den Kampfhandlungen. Zerstörungen allüberall, Rationalisierungen, Lebensmittelkarten, jede Minute revoltiert gegen das menschliche Bedürfnis, Leid als Erinnerung versinken zu lassen. Nicht vergessen, sondern nur noch erinnern. Doch Yvan hat solche Ermahnung nie gebraucht. Er hat immer schon an dieser geistabgewandten Zeit gelitten, in der lächelnde Stargesichter mehr als leidende Menschengesichter angeschaut werden. Das hat sie schon in Zürich, vor mittlerweile drei Jahrzehnten, an ihm fasziniert: der nie erlahmende Versuch, eine gerechtere Welt aufzubauen, die Suche nach Mitteln und Wegen, einen neuen Menschen heranzubilden. Das war von Anfang an Sinn und Ziel seiner Gedichte. Deshalb hatte sie ihn mit dem Vorwurf, seine Gedichte könnten Lügen sein, so tief beleidigt, dass er sich tobend auf den Boden warf. Seine Verse mochten mehr oder weniger gut, vielleicht sogar schlecht sein, das war er immer bereit zuzugeben, aber niemals ohne Wahrheit. Und seine Wahrheit war und ist die Liebe, die Liebe zum Menschen. Er spielt sie in Hunderten von Variationen. Er kennt keine Grenzen, denn für ihn gibt es keine Herzsperre. Er streichelt kleine Mansarden und drückt sie an seine Brust. Er stemmt das ganze Elend mit seinen mitleidigen Armen in die Sonne. Er weint sich durch alle gramerfüllten Betten dieser Zeit. Sein Herz ist Asyl den Verstoßenen und Dirnen, den kleinen Commis und Verkäuferinnen … Manchmal brechen sie aus ihm heraus, und dieser Schmerz wird Gedicht genannt. Er lutscht mit den Kindern am goldenen Bonbon der Sonne, und er steckt sich die Chrysantheme des Mondes an warmen Sommerabenden ins Knopfloch. Die Gesten seiner Geschöpfe enthalten immer die ganze Welt, und die ganze Welt enthält ihn, denn er ist ein Dichter. Aber was noch mehr sagt: Er ist ein Mensch! Ein Mensch, nicht nur in seinen Gedichten, auch im Alltag gegen jedermann, selbst gegenüber den Kollegen, die sich so häufig als Konkurrenten fühlen und gebärden. Nie hat er an dem Spiel der Intrigen und Übervorteilungen teilgenommen, im Gegenteil. Er hat sich allen gewidmet, die ihn brauchten, hat Anthologien zusammengestellt, um amerikanische, ungarische, jugoslawische und tschechische Dichter bekannt zu machen. So wie er auch sie selbst gefördert hat. Und trotz ihrer kleinen Erfolge ist sie selbstredend nie auf die Idee gekommen, mit ihm zu konkurrieren. Sie hat sich immer, zu Recht, eine Etage tiefer gefühlt. Gleichwohl konnte und kann sie jederzeit, völlig anders als bei Rilke, zu ihm sagen: „Erlaubst du, daß ich das zerreiße? Du kannst es besser!" Das ist ihre gemeinsame Sendung, wie es Yvan zu Beginn des amerikanischen Exils programmatisch formuliert hat. „Es gibt eine Arbeit, die dringender ist als Schützengräben auszuheben: die Geister zu mobilisieren!" Darin liegt das unverbrüchliche Fundament ihrer Beziehung, nicht nur in den acht Jahren des Exils, sondern über alle Wirren wechselnder Beziehungen hinaus, über jeden Tod hinaus!

Erst in der körperlichen Bewegung hat sie die Ruhe gefunden, ihr letztes Versprechen zu erfüllen. Diese abschüssige Bahn zum Leben hat schon 1944 begonnen, während eines Fellowships in einer Künstlerkolonie auf dem Lande: bei jenem Dorfdoktor, der auf ihre Frage, ob es Leukämie sei, nur wortlos den Kopf geneigt hat. Obwohl sie damit wusste, dass Yvans Urteil gesprochen war, trat sie trotzdem lachend zu ihm, der ahnungslos auf sie wartete, in die Sonne hinaus. Sie hatte das Gefühl, explodieren zu müssen, und zur Vertuschung ihrer wahren Gefühle machte sie ihm eine furchtbare Szene. Zumindest war damit erklärt, warum sie am ganzen Körper zitterte. Doch die Wahrheit blieb ihm nicht lange verborgen. Nach einem halben Jahr war ihm klar, warum er immer in der Krebsabteilung des Memorial Hospital in New York behandelt wurde. Er nahm ihr das Verschweigen nicht übel, verlangte nur, nicht mehr darüber zu reden. Und in der Tat ließ er nie zu, dass das Thema zur Sprache kam, er wollte kein Mitleid. Genauso wollte er aber auch nicht in der Fremde sterben. Trotz dem, was sie nach dem Ende des Krieges bald erfahren hatten, nämlich dass die Nazis ihre Wohnung geplündert hatten. Sämtliche Möbel waren verschwunden, desgleichen die Bilder, die gebündelten Briefe von Rolland, Rilke, Broch, Joyce, vor allem aber auch Yvans Manuskripte, seine Gedichte, sein Archiv, seine fertigen und fast fertigen Theaterstücke. Die Nazis hatten ihnen ihre Vergangenheit gestohlen. Nach der Rückkehr 1947 stellte Yvan fest, dass die Mediziner auch in Paris unter sich tuschelten, wie kurz die Lebensspanne war, die ihm noch blieb. „Sie wissen nicht, dass ich schon in Paris begraben bin", war sein Kommentar. Trotzdem waren ihnen noch drei Jahre geblieben, bis er sie, auf der Fahrt ins amerikanische Krankenhaus von Neuilly, an ihren Selbstmord-Pakt erinnerte. Dass sie sich gelobt hatten, gemeinsam ins Grab zu sinken. Doch er bat sie, nichts dergleichen zu tun, sondern für sein Werk weiterzuleben. Sie hatte also in diesem Taxi darauf verzichtet, ihm in den Tod zu folgen. Sie hatte sich daran gehalten, aber nur körperlich. Lange Zeit war ihre Seele nicht von seinem Werk erfüllt, sondern von der Erwartung seiner Rückkehr. Sie stand in tiefer Nacht auf, weil sie dachte, er warte vor der Tür. Sie hörte seine Schuhsohlen knarren und glaubte ihn leise nach ihr rufen zu hören. Erst in der körperlichen Bewegung hat sie zu ihm zurückgefunden. Nachts hat sie *La Cumparsita* aufgelegt und danach getanzt, wie zum ersten Mal schon 1924 in Paris, in jener glückseligen Zeit. Aber auch 1940 hatten sie in Kuba diesen Tango getanzt, als sie auf das Einreisevisum in die USA warten mussten, das ihr anfängliches, begrenztes Besuchsvisum ersetzen sollte. Und sogar in New York, als Yvan schon sterbenskrank war, hatten sie ihre Nähe auf diese Weise körperlich aufrechterhalten und spüren können. Wenn sie diese Melodie hört, weiß sie, dass er bei ihr ist. Dann ist es, als tanze sie mit ihm. Dann ist er bei ihr, und endlich auch sie wieder bei ihm, bei seinem letzten Wunsch. Jetzt hat sie den wahren Traum, ihm nachzusterben, gefunden, den Traum, den er gemeint hat:

> Immer träum ich davon dir nachzusterben
> Aber eine künftige Rose
> Bedarf vielleicht meiner Tränen
> Um zu wachsen

> Immer träum ich davon dir nachzusterben
> Aber ein leidenschaftlicher Reim
> Bedarf vielleicht meiner Feder
> Um dich zu singen

> […]

> Immer träum ich davon dir nachzusterben
> Aber ein Mensch, vom Tod gesucht
> Bedarf vielleicht meiner Hand
> Um nicht zu sterben

Lotte Lenj/ya
(1898–1981)
und Kurt Weill

Genau die erste Hälfte des Jahrhunderts. Mehr ist ihm nicht vergönnt gewesen, mehr nicht! Welch himmelschreiende Ungerechtigkeit! Alle sagen: des Schicksals! Aber was, wenn sie dieses Schicksal war? Ihre Untreue, ihre Liebschaften, die er immer so unerschütterlich liebe-, ja verständnisvoll ertragen hat! Wenn seine Arbeitswut eine Antwort auf ihre Unbeständigkeit, ihre Flatterhaftigkeit, ihre Lebenssucht gewesen ist? Wenn er all die Krankheitsphasen nur heruntergespielt hat, damit sie sich nicht beunruhigt. Und sie hat sich täuschen lassen, viel zu gerne, hat sich nicht um ihn gesorgt, nicht so, wie er es ohne Unterlass bei ihr getan hat. Es gäbe nur einen, der ihr dieses übermächtige Schuldgefühl nehmen, ausreden könnte! Und der ist nicht mehr! Sie ist es, die die Zeit verspielt hat. Die Zeit ihrer beider Gemeinsamkeit, aber genauso schlimm, nein furchtbarer noch, die Zeit seiner Kreativität, in der er noch mehr von seinen unsterblichen Werken hätte schaffen können! Wie soll, wie kann sie mit dieser Schuld weiterleben? Kann sie einem Toten zurückgeben, was sie beim Lebenden versäumt hat? Wenigstens einen noch so kleinen Teil von Fürsorge? Indem sie die Erinnerung an ihn wachhält, besser noch, indem sie ihn auch all jenen näherbringt, die ihn noch nicht so kennen, nicht so, wie er gern gesehen werden wollte: gerade nicht nur als europäischer Komponist von epischen Werken wie der 3Groschenoper, sondern auch als ‚American Composer', als prägende Gestalt der Broadway-Oper! Eine Biographie! Mit einer Biographie wird sie zwar ihre Schuld nicht abtragen können, nicht einmal zu einem geringen Teil, aber vielleicht doch wenigstens überleben dürfen ...

Aus der Zeit bis zu ihrem Zusammentreffen muss sie sicher vor allem aufnehmen, dass sein Vater Kantor an der Synagoge in Dessau war. Damit hatte sie sich immer erklärt, warum sie von den Eltern zunächst vehement abgelehnt wurde – sie war eben keine Jüdin. Und wieso sie sich dann doch zur Lieblings-Schwiegertochter gemausert hatte – weil ihr der Gesang wohl auch hier die Türen geöffnet hat. Es bedeutet bestimmt keinen Abstrich an Kurts Genie, wenn sie darauf hinweist, dass auch der Vater Anton Weill bereits als Komponist von Chorgesängen (für Männerchöre in der Synagoge) erfolgreich war. Kein Wunder also, dass Kurt bereits mit sieben Jahren ein engagierter Pianist war, der im 13. Lebensjahr eine professionelle Ausbildung beim Kapellmeister des Dessauer Opernhauses, Albert Bing, beginnen durfte. So konnte er nach dem Ende des 1. Weltkriegs an der Berliner Musikhochschule studieren und entwickelte diese alles beherrschende Leidenschaft für das Komponieren. Nach einem Zwischenspiel 1920 als Kapellmeister am Stadttheater in Lüdenscheid mit Erfahrungen im gesamten damals aktuellen Opern- und Operettenrepertoire folgte aber als wichtigste Station ab 1921 das dreijährige Studium in der Meisterklasse für Komposition beim großen Busoni, dem revolutionären Theoretiker und Praktiker des experimentellen Musiktheaters. Durch ihn kam der Kontakt zu Deutschlands bekanntestem Librettisten, Georg Kaiser, zustande, der von Weill genauso begeistert war wie dieser von ihm, sodass sie 1924 mitten in der gemeinsamen Arbeit an der Oper *Der Protagonist* steckten. In dem Jahr also, das den Beginn ihrer eigenen wechselvollen, aber unverbrüchlichen Verbindung mit Kurt markierte.

Über sich selbst wird sie aber nur das Allernotwendigste berichten. Das, was zum Verständnis unverzichtbar ist. Dazu gehört selbstverständlich ihre Herkunft aus den ärmlichsten Verhältnissen in Wien, die sie nie vergessen und genauso wenig verschwiegen hat. Mit dem gewalttätigen Vater, dem sie immer vorsingen musste, mit ihren frühen Erfahrungen als (fünfjährige) Akrobatin in einem kleinen Wanderzirkus, mit der Schulbildung bis zur mittleren Reife, die sie dann doch nicht davor bewahrt hat, von den Eltern in eine Hutmacherlehre gesteckt zu werden. Als nächste Station auf jeden Fall der Aufenthalt bei Tante Sophie in Zürich ab 1913, der ihr immerhin eine Ballett-Ausbildung eingebracht hat – und vor allem den Privatunterricht beim Oberspielleiter des Schauspielhauses, Richard Révy, dem sie letztlich auch die Änderung ihres Namens Karoline Blamauer in Lotte Lenja verdankt – und dem sie 1921 nach Berlin, in die Welthauptstadt der künstlerischen Avantgarde, gefolgt ist. Über die anfänglichen Enttäuschungen einer 23-Jährigen aus der Schweizer Provinzialität muss sie keine großen Worte verlieren, zumal sie 1924 dieses unglaubliche Glück hatte, von Kaiser in seinen Wohnsitz in Grünheide als ein Art Au pair-Mädchen aufgenommen zu werden. Neben der Kinderbetreuung hatte sie gern auch Aufgaben übernommen wie jene, die sie mit Kurt zusammenführen sollte. Um ihn vom Bahnhof abzuholen, hatte sie den kürzesten Weg gewählt, im Ruderboot über den Störitz-See. Während der Rückfahrt hatte Kurt ihr einen Heiratsantrag gemacht, so hat sie es zumindest immer erzählt: als eine Geschichte von Liebe auf den ersten Blick. Aber in Wirklichkeit war es, wie hätte es bei Kurt auch anders sein können, eine Liebe auf den ersten Ton. Er hatte sie drei Jahre zuvor bereits bei einem Vorsingen gehört, als Dirigent im Orchestergraben verborgen, aber ihre Stimme hatte er beim Zusammentreffen in Grünheide sofort wiedererkannt. Die Stimme war es, was ihn seit jeher an Frauen am unmittelbarsten faszinierte – und am meisten eben ihre Stimme, die er wie eine Naturkraft liebte. In diesem Klang war sie für ihn, das hatte er ihr mehr als ein Mal versichert, so voll und ganz enthalten, dass alles andere nur ein Teil von ihr war. Er kannte jede Nuance, jede Schwingung ihrer Stimme und hörte, auch wenn sie nicht bei ihm war, genau, was sie jetzt sagen würde – und wie sie es sagen würde. Und zugleich war ihm dieser Klang immer wieder neu, bedeutete höchste Seligkeit in dem Wissen, wieviel streichelnde Zärtlichkeit ihre Stimme für ihn hatte. Er hatte ja so recht, sie brauchte einen Menschen, der ihr zuhörte und zu ihr gehörte – und dass er es war, der es sein musste, der Mensch, bei dem sie nicht zu lügen, sich nicht zu verstellen brauchte, das hatte er ihr schon im ersten Jahr erklärt, als hätte er alle Verwerfungen ihrer Beziehungsgeschichte vorhergesehen. Deshalb also seine Werbung mit den Worten: „Lass mich dein ‚Lustknabe' sein, das ist mehr als ein Freund – und weniger als ein Gatte. Ich bin für dich auf der Welt." Gerade dieses Weniger mit dem Mehr ineins hat ihr zeitlebens die Sicherheit einer unzerstörbaren Nähe gegeben, einer Liebe, die nicht mehr versprochen hat, als sie zu geben in der Lage war. Aber sein „Du weißt doch, dass gleich nach meiner Musik du kommst!" stellte bei ihm nicht nur die höchste Form der Liebeserklärung dar, sondern benannte zugleich auch die einzige einschränkende Bedingung: dass eben die Liebe zur Musik an erster Stelle kam. Unter dieser Voraussetzung aber war seine Liebe eine bedingungslose, kannte keine Enttäuschungen, die er nicht verziehen hätte, das hatte er in den 26 Jahren ihrer Gemeinsamkeit zur Genüge bewiesen, immer wieder!

Doch eigentlich sollte sie wohl in erster Linie über Kurts musikalische Arbeit berichten. Also ihre Heirat Anfang 1926 höchstens kurz erwähnen, zumal sie sich eh nur wegen der bigotten Nachbarn dazu entschlossen hatten; stattdessen den Schwerpunkt auf das erste Opernwerk *Der Protagonist* legen, dessen Uraufführung zwei Monate später auch von der Kritik als Durchbruch gefeiert worden ist. Diese Tragikomödie über einen Schauspieler, der in Verkennung von Realität und Fiktion die eigene Schwester ersticht, wies ja bereits überzeugend Kurts Fähigkeiten für die Opernbühne nach, weswegen es letztlich nicht ausbleiben konnte, dass aus Kurts Vertonungen der *Mahagonny-Songs* von Brecht 1927 der Plan zu einer Opernfassung hervorging. Die damit begonnene Ära der Zusammenarbeit von

Kurt und Brecht zeitigte 1928 allerdings als erstes den unerwarteten, jedoch umso größeren Erfolg der *3Groschenoper,* diesem frühen Höhepunkt der epischen Oper, bei der die gesellschaftskritische Botschaft mit populären Melodien eine unauflösbare Faszination eingeht. Eine Faszination, die nicht nur die 12 Jahre des ‚Tausendjährigen Reiches' unbeschadet überstanden hat, sondern auch auf Kurts zweite Kariere in Amerika als Broadway-Opern-Komponist zutrifft. Doch zunächst gelang dem Gespann Weill/Brecht eine Fortsetzung der Erfolgsgeschichte mit der Opernfassung *Aufstieg und Fall der Stadt Mahagonny,* der Parabel über die Nähe bzw. das Umschlagen von Utopie in Ideologie. Die parallelen Erfolge im Bereich der Schuloper (*Der Jasager*) und der Rundfunkproduktionen (*Der Lindberghflug* und *Das Berliner Requiem*) sollten zumindest Erwähnung finden, schon um den Misserfolg von *Happy End* 1929 zu relativieren. Dass diese komödiantische Oper aus dem Chicagoer Gangster- und Heilsarmee-Milieu ein Flop wurde, lag eindeutig am schwachen Libretto, nicht an Kurts Musik, wie der ‚*Matrosen-*' und ‚*Bilbao-Song*' sowie ‚*Surabaya Johnny*' nachdrücklich beweisen. Und vor allem muss sie klarmachen, dass die Beendigung der Zusammenarbeit mit Brecht nicht mit diesem Misserfolg zusammenhing, genauso wenig wie mit den schon damals einsetzenden Anfeindungen und Störvorfällen der Nazi-Verblendeten, sondern einzig und allein mit Brechts dogmatischer und despotischer Geisteshaltung. Nicht nur, dass seine politische Einstellung immer starrer, geradezu missionarisch marxistisch wurde, vor allem aber hat er in niederträchtigster Weise versucht, Kurts Beitrag zu den gemeinsamen Produktionen herunterzuspielen, ja zum Teil gänzlich zu verleugnen. Einmal hat er sogar einem Fotografen die Kamera aus der Hand geschlagen, als der ein Foto von dem Produktionsteam einschließlich Kurt machen wollte. In solchen Momenten wurde auch Kurt klar, dass Brecht einer „der widerlichsten, unangenehmsten Gesellen" ist, die auf der Erde herumlaufen. Aber sobald jemand nur ein wenig Unglück erleiden musste, gewann Kurts noble Haltung die Oberhand. Weil er über niemanden triumphieren wollte, der am Boden liegt, hat er sich später doch erneut zu der einen oder anderen punktuellen Zusammenarbeit mit Brecht bereitgefunden. Doch dieser stupide, chinesisch-augsburgische Hinterwäldler-Philosoph hat es ihm nicht gedankt, natürlich nicht. Genauso wie er auch dauernd alle seine Frauen ausgenutzt und beherrscht hat, ganz anders als Kurt, der sich immer mit aller Kraft für sie, sein ‚Weillchen', eingesetzt hat. Sie hatte gar nicht gewusst, dass er auch brüllen konnte – bis zu jenem Premierentag der *3Groschenoper,* als ihr Name auf dem Programmplakat fehlte und er tatsächlich noch die Ergänzung erzwingen konnte. Jederzeit war er bereit, einen Song speziell für sie zu komponieren, egal ob sie gerade mit ihm zusammen oder in einer anderen Beziehung irgendwo auf der Welt unterwegs war. Gleiches hatte sie ihm wahrlich nicht bieten können, aber sie hatte sich doch wenigstens immer um seine Gesundheit und seine Kreativität gesorgt, im Zweifelsfall zumindest brieflich aus der Ferne. Diese gegenseitige Fürsorge war die nie versiegende Grundlage ihrer Gemeinsamkeit, unabhängig von allen Lieben, die ihnen im Laufe ihres Lebens über den Weg gelaufen sind oder denen sie sich – mehr oder weniger lang, intensiv, existenziell – hingegeben haben. Sie muss unbedingt nachschauen, ob es ein Foto von der Schluss-Szene des *Mahagonny-Singspiels* in Baden-Baden 1927 gibt, in der die beteiligten Schauspieler selbstgebastelte Schilder hochhalten, mit Parolen wie ‚Gegen den Krieg', ‚Nieder mit der Tyrannei' etc. Und ihres lautete: ‚*Für Weill!*'

Dass er ihr immer, ohne jedes Zweifeln, dieses ‚Für Weil' geglaubt hat, fand sie damals selbstverständlich, aber aus der Rückschau ist sie richtig gerührt, denn die Liebe zu Otto Pasetti mit all ihren Folgen muss sie heute als den einzigen, dafür aber auch riesigen Fehler ihres Lebens zugeben. Nachträglich versteht sie sich selbst nicht mehr, vermutlich war es diese Spielleidenschaft, die sie ab 1932 erfasst hatte und die sie, zusammen mit Pasetti, zu jener Odyssee an die Spieltische Europas führte, bevor sie erkannte, dass er nicht nur ein mittelmäßiger Tenor, sondern ein großer, ja zwanghafter Schwindler mit kriminellen Zügen war. Etwas, was Kurt von Anfang an gesehen hatte, und trotzdem hat er ihr nie die fürsorgliche Freundschaft aufgekündigt, sondern sogar Spielschulden – für beide! – übernommen. Mit seiner typischen, feinen (Selbst-)Ironie hat er ihr damals versichert, dass er als „alter Jude" immer froh ist, wenn er sich um jemanden kümmern kann, und dass sie sich keine Sorgen zu machen braucht, solange er etwas verdient. Und was hat er als Dank erhalten? Die Scheidung (im September 1933), die sie, sie allein, betrieben und durchgesetzt hat! Was kann sie da als Gegengewicht anführen, als Zeichen dafür, dass auch sie trotz allem die freundschaftliche Sorge um und für ihn nie verloren hat? Sicher doch ihr Drängen, dass er Deutschland verlässt, nachdem die Gefahr für ihn durch die Aktionen der Nazis nur zu offenbar geworden war. Und dass sie dann die Scheidung wenigstens dazu genutzt hat, ihr gemeinsames Haus in Kleinmanchow zu verkaufen, ohne dass der Erlös von den Nazis konfisziert wurde. Dass sie ihm wichtige Wertgegenstände daraus retten und zukommen lassen konnte. Aber für ihr Gefühl ist am überzeugendsten eigentlich die Szene, als sie ihm mitgeteilt hat, dass Pasetti gern ein Kind von ihr hätte. „Das würde mir weh tun", war seine Antwort – und das hatte für sie sofort und ohne jedes Zögern bedeutet: „Dann bekomm ich keins!"

Aber wie soll sie die hektisch-verworrenen Ereignisse der Jahre 1933–35 in eine sinnvolle Reihe, in eine nachvollziehbare Struktur bringen? Am einfachsten noch die beiden Opern *Die Bürgschaft* und *Der Silbersee*, an denen sich die beginnende Verfolgung durch die Nazis so augenfällig gezeigt hat. *Die Bürgschaft* wurde nach der Uraufführung auf Druck des nationalsozialistischen ‚Kampfbundes für deutsche Kultur' fast von allen deutschen Theatern nicht, wie vorher vertraglich geplant, übernommen; und *Der Silbersee* konnte schon nur noch vor geschlossener Gesellschaft gespielt werden. Aus den Aktivitäten in Paris und London nach der Flucht vor den Nazis taugt *Der Kuhhandel* (*A kingdom for a cow*) eigentlich nur dazu, die Aussichtslosigkeit einer Karriere in England deutlich zu machen. Dagegen sind die Pariser Produktionen auf so unterschiedliche, spannungsvolle Weise mit den verschiedenen persönlichen Beziehungen verwoben, dass sie auch heute noch in das Tohuwabohu der Gefühle keine rechte Ordnung hineinzubringen vermag. Da war zunächst die erneute, allerdings letzte Zusammenarbeit mit Brecht für *Die sieben Todsünden*. Die sieben Szenen (zu Faulheit, Stolz, Zorn, Völlerei, Unzucht, Habsucht und Neid) werden von Anna als zwei Personen in einem Ich durchlaufen. Und sie hatte sich als die eine Anna in die andere, nämlich Tilly Losch, verliebt, wie immer unsterblich, wenn auch nicht ewig. Dass diesem Werk wie auch der Vertonung des bekannten französischen Romans *Marie Galante* der Erfolg verwehrt blieb, lag wieder einmal keineswegs an Kurts Musik. Im Gegenteil, die Geschichte des französischen Bauermädchens, das mit dem falschen Mann nach Panama geht, dort im Bordell das Geld für die ersehnte Heimreise verdienen muss und in dem Moment, da sie die Rückfahrkarte kaufen kann, stirbt: Diese Geschichte hat Kurt mit dem Song über das unerreichbare Paradies ‚Youkali' so traurig-sehnsuchtsvoll in Töne umgesetzt, dass sie beide sich auch selbst wohl irgendwie dieser Faszination nicht entziehen konnten. Anders jedenfalls ist es letztlich nicht zu erklären, wie sie sich trotz der stürmischen Affäre mit Max Ernst auf ihrer Seite und auf der anderen Seite Kurts intensiver Beziehung zu Erika Neher, der Ehefrau des genialen Bühnenbildners und dann auch Librettisten der Bürgschaft: wie sie trotzdem wieder näher zueinander gefunden haben. Im letzten Schritt lag es wohl daran, dass Kurt nie an diesem füreinander Geschaffen-Sein gezweifelt hat, oder wie sonst hätte er, als seine Ausreise nach Amerika feststand, schon einmal vorsorglich eine Doppelkabine auf der ‚Majestic' buchen können?

Und er hatte Recht behalten. Die Überfahrt nach Amerika im September 1935 war ihre nachgeholte erste und vorweggenommene zweite Hochzeitsreise, alles in einem, wie praktisch!

Es brauchte zwar noch zwei Jahre, bis es zu dieser zweiten Heirat (im Januar 1937) kam, aber das lag in erster Linie an dem wieder einmal rasanten Arbeitstempo, mit dem sich Kurt anschickte, die Broadway-Bühnen zu erobern. Überhaupt war er seit seinem ersten Schritt auf amerikanischem Boden absolut entschlossen, nicht nur ein amerikanischer ‚composer', sondern ein vollgültiger amerikanischer Staatsbürger zu werden. Mit einer Radikalität und Geschwindigkeit, die ihr unerwartete Anstrengungen abverlangt hatte, bis sie zum Beispiel auch den privaten Briefwechsel nur noch auf Englisch abzufassen vermochte. Wenigstens hatte sie aber als ersten Schritt das deutsche ‚Lenja' in ein englisches ‚Lenya' umgewandelt. Dass sie beide damit auch formell die amerikanische Staatsbürgerschaft anstrebten, war von Anfang an eine ausgemachte Sache, selbst wenn es mit allen notwendigen Formalitäten schließlich bis 1943/44 gedauert hatte. Die Erfolge am Broadway hatten allerdings nicht so lange auf sich warten lassen. Schon *Johnny Johnson*, die amerikanische Variante des braven Soldaten Schweijk, wurde 1936 von der Kritik hoch gelobt, wenn auch zunächst die ganz große Publikumsresonanz noch ausblieb. Die kam dann 1941 mit *Lady in the Dark*, eine Parabel über die Träume als Realitätsflucht wie als Durchgang zum wirklichen Leben. Und mit *Street Scene* wurde Kurt 1946 endgültig zu einem führenden Vertreter der Broadway-Oper, weil das Werk als weiße Variante und Fortsetzung des legendären *Porgy and Bess* von Gershwin verstanden und akzeptiert wurde; Fortsetzung auch im Sinne der künstlerischen Weiterentwicklung mit dieser programmatischen Verbindung von Text und Musik, von Songs und Tanz, von Gesellschaftskritik und Publikumsorientierung. Dass sie nicht im gleichen Maß erfolgreich war, lag wirklich nicht an Kurt, der wo immer möglich Songs einbaute, die ihr auf den Leib geschrieben waren. Zusammen mit den alten Hits führte das auch zu ihrem Engagement im Nachtclub *Ruban Bleu*, bei dem es ihr aber schon bald zu anstrengend wurde, Abend für Abend die Betrunkenen aufzuheitern – einschließlich ihrer selbst! So war sie auch nicht über die Phasen unglücklich, in denen sie sich nach *Brook House*, ihrer beider Refugium in *New City*, zurückzuziehen gezwungen war. Zumal sie ja auch Howard Schwartz, diesen feschen Piloten der Air Force, als Trost und Abwechslung hatte, von dem Kurt selbstverständlich wusste. Genauso wie ihr natürlich bekannt war, wenn er sich in Hollywood zum Abbau des Arbeitsdrucks ab und zu ein paar Stunden mit einer der dortigen Schönen gönnte. Manche haben es nicht verstehen können, aber sie haben sich nie betrogen, sie wussten immer voneinander über alles Bescheid!

Und vor allem hat es ihrer Liebe keinen Abbruch getan! Gerade auch die kleinen Trennungen haben sich immer als gut erwiesen, das hatte Kurt schon früh erkannt. Stets hat er ihr „haufenweise Liebe" zukommen lassen, „Tausende Küsse von ihrem ewigen Lustknaben und Liebhaber". Das Einzige, was sie in den Zeiten der Trennung wirklich vermisste, waren die Morgenstunden, wenn er am Klavier saß und diese wundervollen Melodien daraus hervorzuperlen begannen. Doch zugleich gab es ja ihre Briefe voll erotischer Spannung, denen nicht einmal die unselige Scheidung ein Ende hatte setzen können. Wie erregend erregt hatte Kurt etwa auf die Anekdote über die Pompadour reagiert, die sie ihm zur Vorbereitung darauf geschrieben hatte, dass sie doch ganz schön zugenommen hatte, nicht zuletzt am „cul": „Die Pompadour geht in ihrem Park spazieren, und ein strammer Husar gibt ihr einen Klaps auf den Hintern. Zur Strafe kommt er ins Gefängnis. Dort schreibt er ihr ein Briefchen: ‚Madame, si votre coeur est aussi dur que votre cul, je suis perdu!' Darauf antwortet sie: ‚Monsieur, si votre queuqueu est aussi dur que votre main, venez demain!'" Aber bei ihr, ganz gleich wie hart oder weich ihr „cul" war: Ihr Kurt ist immer gekommen.

Umso mehr macht sie sich jetzt die größten Vorwürfe. Hätte sie nicht viel früher und viel klarer merken müssen, wie es um Kurts Gesundheit stand? Das gehäufte Auftreten seiner Schuppenflechte, die ungewöhnliche Gereiztheit bei den letzten Produktionen, all das waren doch eindeutige Zeichen genug für seinen schlechten Zustand gewesen. Und sie wusste aus jahrzehntelanger Erfahrung, dass er Probleme jedweder Art durch Flucht in die Arbeit, ins geliebte Komponieren, zu bewältigen versuchte. Wenn das auch über lange Jahre immer irgendwie geklappt hatte, am Schluss musste es unweigerlich zu einem Teufelskreis von zunehmend wachsendem Stress und beschleunigtem Abbau seiner Kräfte und Konstitution führen, das hätte sie doch unbedingt erkennen müssen. Und hätte viel stärker, viel konsequenter gegen diese Überbelastung einschreiten müssen. In dem Moment, da er ihre Fürsorge am nötigsten gebraucht hätte, hatte sie versagt, hatte sie die Sorge um und für ihn vermissen lassen, für ihn, der immer unbeirrt und bedingungslos für sie dagewesen war! Nach seiner Musik selbstverständlich. Das Einzige, was sie jetzt noch zurückhält, was ihr gegen die Selbstvorwürfe Halt geben kann, ist der Wunsch, diese Musik zu verteidigen, sie am Leben zu erhalten, alles, was in ihrer Macht steht, dafür zu tun ... Doch das wird ihr nicht gelingen, indem sie sich auf das ungewohnte Gebiet des Schreibens begibt. Mit einer Biographie könnte sie seine Musik nicht zum Klingen bringen, nie und nimmer. Sie muss sich auf ihre ureigene Fähigkeit besinnen, sie muss ihm glauben, seinen Worten über sie: „Sie kann keine Noten lesen. Aber wenn sie singt, hören die Leute zu wie bei Caruso!"

Anne Philipe
(1917–1990)
und Gérard Philipe

Nicht selten braucht es mehr als einen Anlauf bis zum endgültigen Glück. Und dann hält sich das Schicksal an jenes ‚Bis dass der Tod euch scheidet' in einer Weise, die niemand erwartet, ja nicht einmal gefürchtet hat.

Anne Philipe wird am 20.6.1917 als Anne Marie Ghislaine Nicole Navaux in Brüssel geboren. Die Eltern lassen sich kurz nach ihrer Geburt scheiden, die Mutter übernimmt zunächst den Unterricht der Tochter. Nach dem Studium der Philosophie und Ethnologie wechselt Anne von Belgien nach Frankreich, heiratet dort 1938 den Sinologen Francois Fourcade und führt danach den Namen Nicole Fourcade. Dieser erste Anlauf, auch wenn er sich nicht als endgültig erweist, ist nicht unglücklich zu nennen. 1939 wird der Sohn Alain geboren, das Ehepaar teilt die Faszination für China, und von 1946 an leben sie zusammen in Nanking, wo Francois Fourcade die Funktion eines Kulturattachés an der französischen Botschaft innehat. 1948 ziehen sie mit einer Karawane über die alte Seidenstraße bis nach Kaschmir Richtung Europa; Nicole Fourcade ist die erste Europäerin, die auf diese traditionelle Art die Wüste Sin-Kiang durchquert, was sie 1955 auch in ihrem Reisebericht ‚*Caravanes d'Asie*' anschaulich beschreibt.

Aber der Anlauf zum endgültigen Glück ist besonders lang. Bereits Anfang der 1940er Jahre lernt sie den aufstrebenden Schauspieler Gérard Philipe kennen, doch es dauert bis 1946, dass sie bei einem gemeinsamen Aufenthalt in den Pyrenäen tiefere Gefühle für ihn entwickelt. Nach der Rückkehr aus China betreibt sie die Scheidung von Francois Fourcade und heiratet nach deren Durchsetzung am 29.11.1951 Gérard Philipe. Ein neues, für sie das erste Leben beginnt, symbolisiert auch dadurch, dass sie auf ihren ersten Vornamen zurückgeht und sich von nun an Anne Philipe nennt. Jahre des Glücks folgen, einschließlich der Geburt einer Tochter (1954: Anne-Marie) und eines Sohnes (1956: Olivier). Gérard Philipe eilt als Schauspieler von einem Erfolg zum anderen, auf dem Theater wie im Film. Während sich in Amerika der hysterische Antikommunismus der McCarthy-Ära ausbreitet, schadet in Europa dem ‚Liebling der Götter' weder die Unterzeichnung des Stockholmer Appels gegen die Atombombe noch eine Zusammenarbeit mit der DDR-DEFA oder mit chinesischen Filmproduktionen. Der

Alltag besteht, wenn immer möglich, aus einer Art Wochenend-Ehe. Denn selbst in den gemeinsamen Paris-Zeiten kommen sie unter der Woche nicht dazu, miteinander zu sprechen. Weggehen, heimkommen, telefonieren, schlafen, das sind die Automatismen der normalen Arbeitshektik. Die Flamme zwischen ihnen ist auf klein gestellt, die Verbindung unterbrochen, aber mit der Sicherheit, dass sie sich am kommenden Sonntag alles würden erzählen können, was die Woche an Großem und Kleinstem gebracht hat. Beobachtungen, Reflexionen, Ondits: über andere, über sie selbst, einzeln für sich wie mit- und aneinander, das Gegenteil von Juliette Grecos ,Ich hasse den Sonntag'. Aber auch ohne Worte hat sie sein Bild vor Augen, wenn er nachts nach Hause kommt, die Treppe hinauf vier Stufen auf einmal nehmend, ein geschmeidiger Panther, der den Weg zwischen Haustor und Wohnungstür auf eine Sekunde zusammenschnurren lässt. Ist Glück erst dann vollständig, wenn es alles andere verdrängt, gerade auch das Bewusstsein von sich selbst? Wenn man es ebenso unbefangen einatmet wie die Luft?

Allerdings durchaus mit einem Gefühl für die unterschiedliche Klarheit der Luft, die sie am intensivsten in Ramatuelle erleben, in dem provençalischen Bauernhaus am Rande der Cote d'Azur, dem Geschenk von Annes Mutter zur Heirat mit Fourcade. Neben den Streifzügen durch die Wälder, zusammen mit den Kindern, liebt er es besonders, auch den kleinen Weinberg selbst zu versorgen. Also muss, selbstredend, Ramatuelle helfen, als er 1959 angestrengt und erschöpft von den Dreharbeiten zum neuesten Bunuel-Film in Mexico zurückkommt. Luft und Sonne geben sich auch, wie immer, alle Mühe, jedoch ohne durchschlagenden Erfolg. Vermutlich hat er sich in Mexico eine Amöben-Infektion eingefangen. Dagegen gibt es glücklicherweise Medikamente, die aber ebenfalls nicht so richtig wirken wollen, im Gegenteil, er magert zusehends ab. Zurück in Paris erweist sich dann doch eine Operation als unumgänglich. Sogar eine relativ große, ungefähr vier Stunden haben die Chirurgen veranschlagt. Nachdem die Pfleger ihn aus dem Krankenzimmer Richtung OP-Saal hinausgeschoben haben, könnte sie also eigentlich spazieren gehen, doch sie ist zu unruhig, will in seiner Nähe bleiben. Und in der Tat wird sie schon nach 20 Minuten in das Arztzimmer gerufen. Alle behandelnden Ärzte in dem kleinen Raum, der Chefarzt bietet ihr einen Stuhl an. Die Angst weiß vor allen Worten, vor jedem Denken Bescheid. Inoperabel. Sie muss gefragt haben, vor dieser Antwort: Nein, keine Hoffnung. Eine Stimme, fast wie die eigene, will wissen: Wie lange noch? Höchstens vier Wochen! Worte, die die Zeit spalten, in ein unaufhebbares, endgültiges Vorher und Nachher.

Nicht die geringste Hoffnung, das ist der eine Auslöser für den unwillkürlichen, fraglosen Entschluss; die Sicherheit, dass er nicht leiden wird, die andere Hälfte. Erschöpfung wird das Ende besiegeln, die Ärzte sind so sicher, dass sie sich auch hier nicht entziehen kann. Wäre es anders, sie würde mit ihm sprechen, unbedingt, sie würden zusammen das Unmögliche versuchen – und vielleicht gewinnen? Aber so? Es gibt nur noch ein einziges Gesetz, dem sie gehorchen muss und will: sein Glück, bis hin zum eindeutigen, jähen Ende. Mit Händen und Füßen wird sie darum kämpfen, dass kein Leid, keine Angst zu ihm durchdringt. In einer einzigen Sekunde, in diesem Moment, ist die Entscheidung gefallen, sie muss keine Lösung suchen, denn die Lösung ist da. Und sie ist unerträglich, das ist alles. Aber was ist so furchtbar am Tod? Nichts, außer der Angst und noch mehr dem Schmerz darüber, dass man geliebte Menschen oder ein erst begonnenes Werk verlassen muss. Ein Schmerz und eine Angst, die sie ihm ersparen wird. Es ist ein verzweifelter Wahnsinn, von dem sie besessen ist, sie weiß, aber sie muss die Stunden seines Schlafens nutzen, um sich darin einzurichten. Wenn sie das Krankenhaus verlassen, wird am Ende des Wegs der Tod warten und bis dahin die Lüge zwischen ihnen stehen. Für sie wird jede Erinnerung vom Gewicht des endgültigen Imperfekts zusammengepresst, für ihn aber soll sie Erwartung, Zukunftsversprechen sein und bleiben. Dass sie nicht nur das Motorengeräusch des Wagens kennt, sondern auch seine Art, an bestimmten Stellen der Auffahrt je nach Stimmung Gas zu geben oder zu bremsen. Mit geschlossenen Augen verfolgt sie seinen Weg. Wie er anhält, um das Tor zu öffnen, ohne es wieder zu schließen, also ist er müde, die Reifen knirschen auf dem Kies, die Scheinwerfer huschen leicht über die geschlossenen Fensterläden. Er spricht leise mit dem Hund, steigt die Treppe hinauf, zieht die Schuhe aus, um sie nicht zu wecken. Er kommt herein, er ist da. Das ist leben. Ein Glück, umhüllend wie ein Duft, doch jetzt wird sie keine Sekunde mehr vergessen können, wie bevorzugt sie waren. Nur für ihn soll, darf es nicht in dieses unbarmherzige Imperfekt kippen, niemals!

Zuhause. An jeder Wand, an jeder Tür steht dieses unsichtbare, aber umso realere ‚Er wird sterben!' Wild lehnt sie sich gegen alles auf: gegen die Bäume, die Blumen, den Hund, die Vögel und mehr noch gegen die Dinge, die Möbel, die Nippsachen und die wohlgeordneten Kleider im Schrank – die würden bleiben. Das ist die Rache der Dinge, die kein eigenes, aber ein beharrliches Leben haben. Die Rache des unbewegten Weiterlebens. Warum kann sich nicht die Erde bei seinem letzten Atemzug auftun und alles restlos verschlingen? Hätten also die

Ärzte ihr besser den Zustand verschweigen sollen, so wie sie es nun bei ihm tat? Nein, immer wieder nein! Bei der Wahl zwischen Nicht-Wissen und Wissen hat sie sich immer für das zweite entschieden, und würde es weiter tun, ausnahmslos, in jeder Situation. Also widerspricht sie sich im Handeln selbst. Was sie für sich verlangt, verweigert sie ihm. Sie zerstört die Gleichheit zwischen ihnen, wird zur Beschützerin. Weil sie ihn um jeden Preis glücklich sehen will, dieser Wunsch ist stärker als alles andere. Und wenn er es sagt, dieses ‚Ich bin glücklich!', wird alles Verschweigen unausweichlich, unverzichtbar wie das Wärme spendende Sonnenlicht. Sie würde die ganze Welt zum Lügen bringen für ein einziges Lächeln dieses Glücks auf seinem Gesicht. Sie darf es nicht gefährden, nicht durch ihren Ausdruck, durch ihr Gesicht, das er besser kennt als sein eigenes. Im Spiegel forscht sie nach Anzeichen des Verrats, aber noch ist auf ihrem Gesicht nichts zu lesen. Der Kummer würde es später zeichnen, noch spiegelt es nur das vergangene Glück. Sie kann beruhigt sein, er würde nichts erkennen können. Sondern ihr weiter, hoffnungsvoll fragend, die Stichworte geben: Dass er in vierzehn Tagen sicher wieder wird baden können ... wie erfolgreich die Operation verlaufen ist ... dass sie selbstverständlich für diese oder jene Blumen schon gedankt hat ... Aber wenn sie die mit ihm zusammen aufgesetzten Briefe abtippt, setzt sie sich mit dem Rücken zu ihm hin, um das Gesicht ein wenig zu entspannen. Denn er könnte sogar diesen absurden Wunsch darin lesen, dass irgendein gütiger Unfall, ein Erdbeben oder ein einbrechendes Dach, sie zu demselben Punkt führen möge, zu derselben Zukunftslosigkeit!

Jeden Tag nimmt sie wieder und wieder einen Anlauf, ihm die Wahrheit zu sagen. Sie weiß, er würde sofort verstehen, gleich wie sie anfangen würde. ‚Ich muss dir etwas sagen', ‚Es ist nicht die Wahrheit' oder ‚Wir müssen uns verlassen' ... Woher nimmt sie das Recht, ihm etwas zu verbergen, was ihn betrifft, ganz und gar ihn betrifft? Warum ihn heimlich dorthin gehen lassen, wohin er aufrecht, tapfer gehen würde? Denn er würde sich stellen, daran gibt es keinen Zweifel. Es geht ihm gut, er hat keine Schmerzen, sie ist bei ihm, seine Hand würde auf der ihren liegen, sie hört seine Stimme, als spreche er bereits zu ihr. Es wäre für sie eine maßlose Erleichterung, könnte sie in seinen Armen weinend über das gemeinsame Glück sprechen. Aber der Gedanke an den Tod würde bis zum Ende an jedem Wort, an jeder Geste haften, letztendlich liefe alles darauf hinaus, dass der Sterbende den Überlebenden tröstet, trösten muss. Welch eine Ungerechtigkeit! Mag sein, dass es die Ungerechtigkeit des Schicksals ist, dass Überleben wirklich die größere Last bedeutet, aber sie wird das nicht für sich beanspruchen, sie wird ihm nicht die Last des Tröstens aufbürden. Ohne Trost, ohne Notwendigkeit des Tröstens, soll ihr letzter gemeinsamer Weg auskommen, und die trostlosen Momente ihrer einsamen Verzweiflung sind ihr Beitrag, klein genug, zu dem Geschenk des Lebens, das auf diese Weise bis zum letzten Moment überdauern kann. Und überdauern wird, so hofft sie. Zumindest wird dieses schreckliche Wort nur in ihrem Kopf dröhnen: ‚ausnutzen'. Die letzten Sonnenstunden ‚ausnutzen', Morgen- und Abendrot ‚ausnutzen' … Ein hässliches Wort, gierig und geizig. Ein Monster, das ein unwahres Versprechen nach dem anderen gebiert: dass sie wieder, aus der Rue Bonaparte kommend, mit dem gleichen Staunen und Stolz wie immer die Schönheit des Seine-Ufers in sich aufnehmen werden. Das sanfte Flimmern des Lichts, den seidigen Schimmer, der dieser steinernen Landschaft, den Rundungen der Brückenbögen und des Flusses seine natürliche Anmut verleiht, untrennbar verschmolzen in Intelligenz und Geist.

Was ihm der Körper an Kraft entzieht, ersetzt er durch größere, ausgreifendere Hoffnung. Ist das nicht das untrügliche Zeichen, dass sie richtig entschieden hat, mit dem Gesetz, das sie sich in der Nacht der Operation gegeben hat: Er soll nicht leiden, soll nicht wissen. Das ist der einzige Maßstab, der seither für sie gilt. Denn sie hat ihm bis auf den Grund der Seele gesehen, und er hat es geschehen lassen. So viele Jahre, oder waren es nur Minuten, haben sie gebraucht, bis sie, einer im anderen, jenen geheimen, noch tiefer als das Gefühl liegenden Teil des Wesens erreicht haben, wo Vernunft und Instinkt übereinstimmen. Seit den ersten Anfängen ihrer Liebe haben sie nicht aufgehört, einander zu erforschen, zu erhellen. Sein ‚Guten Morgen' sagt ihr, wie seine Träume gewesen sind, was seine ersten Gedanken am Rande des Schlafes waren. Und dennoch bleibt das Geheimnis. Jeder von ihnen kann den Satz beenden, den der andere begonnen hat. Und trotzdem sind sie einander Geheimnis. Aber in einem dieser Momente, da sie ganz von Glück erfüllt waren, hat einer von ihnen gesagt: ‚Wir wollen versuchen, Haltung zu bewahren, wenn wir eines Tages unglücklich sind!' Und der andere hat geantwortet: ‚Das verspreche ich dir.' Liebe bedeutet doch, dass man nicht einfach hinnehmen kann, wie ein Körper verschwindet, indem man sich damit tröstet, dass die Seele genügt und weiterlebt. Wie soll man es anstellen, beides voneinander zu trennen und zu sagen: Dies ist die Seele und das der Leib? Sein Lächeln und sein Blick, sein Gang und seine Stimme, sind sie Materie oder Geist? Sind sie nicht beides, untrennbar? Er fällt jetzt immer öfter in den Schlaf der Erschöpfung, der sein Gesicht unbeweglich werden lässt, aber am Hals sieht sie das Blut pulsieren. Würde er nachher, nach dem Ende, auch so aussehen? Wie würde der Tod kommen? Was wird sein Zeichen sein? Sie lauert darauf, aber es ist eben ein Zustand, den sie nicht kennt. Was bedeutet sein Essen? Dass er sich tapfer zwingt, um schneller zu gesunden, mit der Angst vor wachsender Schwäche? Oder macht ihn seine Jugend noch auf der Schwelle des Todes zu einem hungrigen Wolf?

Selbst wenn sie nun doch noch wollte, jetzt kann sie ihm die Wahrheit wirklich, endgültig nicht mehr zumuten. Sie lächelt ihm zu, um sein Lächeln entstehen zu sehen. Sie küsst seine Hand, um zu sehen, wie er ihre küsst, und versichert sich selbst dabei, nie, niemals wird sie das vergessen. Sie kämpft gegen das Unmögliche, gegen das es keinen Sieg gibt. Sie ist besiegt, weil er besiegt ist, er aber weiß nichts von seiner Niederlage. Also wann wird aus Fürsorge Bevormundung? Er, der Klarblickende – und dieser klare Blick war immer eine seiner schönsten Eigenschaften – er steht dem Tod gegenüber wie ein Kind, ohne Möglichkeit der Reflexion. Ist sie verantwortlich für dieses ‚War', das vorzeitige Imperfekt, inmitten seines verlöschenden Seins? Ginge er, wenn er die Lüge ahnte, allein voraus und peitschte das hohe Gras mit einem am Wegrand aufgelesenen Zweig, wie er es oft getan hat, wenn er unzufrieden mit ihr war. Nach einer Weile ist er stets zu ihr zurückgekommen, hat ihr die Arme um die Schultern gelegt, und beide haben sie schallend gelacht. Aber das Lachen durfte keine Minute zu früh kommen, sonst hätte er sich verschlossen wie eine Muschel. Gäbe, gibt es jetzt noch ein Lachen, ein gemeinsames?

Er ruht sanft, während die Krankheit zum letzten Schlag ausholt. Als sie die Tür des Zimmers schließt, weiß sie nicht, dass sie ihn jetzt zum letzten Mal gesehen hat. Ihn. In den Stunden, während sie seine kalte, langsam erstarrende Hand hält, sein Gesicht streichelt, hat sie das Gefühl, dass er auf dem Bett wie auf einem Ufer ruht, während sie, da sie lebt, gegen ihren Willen von einer unwiderstehlichen Strömung fortgetragen wird. Er ist für immer still, sie bleibt noch eine Weile in Bewegung. Der Tod trennt sie für alle Ewigkeit. Seine Zeit ist von nun an das ‚War', endgültig. Und das Gleiche gilt für ihr Leben. Leben mit ihm. Aber was war das Leben, gemessen am Lauf der Welt? Nicht mehr als der Moment eines Seufzers ...

Damit war nun die Zeit ohne Zweifel erreicht. Denn er hätte in jedem Fall von ihr erwartet, nicht nur wegen der Kinder, dass sie weiter leben würde, leben! Ein Hohn, diese Sicherheit, die auszuhalten den Zweifeln in nichts nachstand. So oft sie sich auch sagte, dass er tot war, sie fiel der Täuschung anheim. Dass er im Auto auf sie warten würde, eine unsinnige Hoffnung, deren Sinnlosigkeit ihr bewusst war, ohne sie von dem Gefühl zu befreien. Er wartete nicht, trotzdem wehrte sie sich weiter. Er würde bald von seinem Spaziergang zurückkommen: Während sie mit Freunden sprach, hielt sie auf der Straße Ausschau nach ihm, obwohl sie wusste, dass es vergebens war. So sinnlos wie das Gefühl, dass er sie im Stich gelassen hatte, dass er desertiert war. Aber wie sollte sie einen Weg, eine Straße, ein Ufer finden, das sie nicht gemeinsam erlebt, erfahren hatten? Sie musste neue Anlässe zur Freude finden, natürlich. Sie musste die Nacht in sich zurückdrängen, ihn im Innern bewahren. Aber an manchen Tagen wusste sie nicht mehr, ob er Wirklichkeit gewesen war. Dieses Glück, diese Vollkommenheit – hatte es sie gegeben, waren sie ihre tägliche Nahrung gewesen? In der Gegenwart zu leben, ist unsäglich schwer, ohne Mühe fast unmöglich.

Vielleicht wollten die Kinder hören, dass er im Himmel war, wie es über andere nach der Beerdigung immer berichtet wurde. Aber so dachten sie nicht, so hatten sie nicht gedacht. Also versuchte sie, ihn mit dem Leben in Verbindung zu bringen. Er hatte sich verwandelt, Bäume und Blumen waren aus ihm entstanden. Bienen würden darin Honig sammeln, den Honig könnten sie essen, und so begann alles von Neuem. Die Reaktionen waren unterschiedlich, ganz individuell. Weil er so schön war, mussten auch schöne Blumen aus ihm geworden sein … Und: Wenn man Honig aß, aß man also auch ein bisschen Mensch? Schmerz und Trost, schmerzender Trost, tröstender Schmerz, die Kinder waren ihre Beschützer. Wenn sie da waren, hielt sie sich gut. Sie lernte, ohne Erwartung zu warten. Über Monate hin, während alles Nötige geregelt wurde. Schulden wurden geschätzt, Eigentum inventarisiert, Bilanzen aufgestellt und abgerechnet. Sie war nicht erloschen, aber nicht aus eigener Kraft.

Ein Weg war, Leere zu schaffen, um zu vergessen. Sie brach auf und wanderte, ohne etwas zu denken. Wenn sie Müdigkeit verspürte, war sie fast gerettet. Sie existierte, kehrte zur Erde zurück. Und wunderte sich, alles an seinem Platz zu finden. Hatte sich ihre Verzweiflung erschöpft? Sie wusste nicht seit wann, aber von Zeit zu Zeit spürte sie, dass nicht alles unwiederbringlich verloren war. Sie hörte auf, nur Fassade zu sein, wollte auf die Ereignisse wieder Einfluss nehmen. Sie war in der Lage, die Fahrt nach Ramatuelle zu wagen, allein, die ersten Ferien ohne ihn. In der Morgendämmerung sah sie Hügel, Zypressen und Weinberge vorbeigleiten, das Meer, das aus dem Nebel emporzutauchen schien und kaum vom Himmel zu unterscheiden war. Wieder die gewohnte Farblosigkeit, das flimmernde Licht. Im ersten Moment war sie verwundert, das Haus noch unversehrt wiederzufinden. Die Zikaden, den Wind in der Platane, die rot-grünen Pinien, das hohe Gras, die vertrocknete Wiese, die Bougainvillea, die verwilderten Geranien, die üppig wuchernde Glyzinie. Aber als sie ihm auf dem Hügel gegenüberstand, zu dem – für andere – das Schild ‚Friedhof' den Weg wies, waren der blaue Himmel, die fast schwarzen Zypressen und die leichte Brise nur eine Kulisse. Plötzlich fühlte sie, wie sie zur Vernunft kam. Es gab kein Wiedersehen. Es gab nur sie, die allein vor ihm, dem Toten stand, vor der Leere. Sie konnte ein erdachtes Zwiegespräch führen, aber eigentlich hatte sie nichts von ihm zu erwarten. Das war die Wirklichkeit. Er war von der Welt abwesend, und das für alle Zeiten. Sich vom Leben wieder in den Bann ziehen zu lassen, bedeutete nicht, sich von *Ihm* zu befreien. Sondern hieß, ohne Rechtfertigungsbedürfnis an seinen Satz denken zu können: „Ich möchte in Schönheit sterben."

Ausblick

Erotische Beziehungsvielfalt als praktische Schritte im Projekt der Moderne

Die theoretischen Analysen wie die biographischen Beispiele haben deutlich gezeigt, wie sehr das traditionelle Monogamie-Modell historisch überholt ist. Es stammt als Institution aus einer Zeit mit relativ stabiler, statischer Gesellschaftsschichtung. Im Rahmen einer solchen Gesellschaftsstruktur kamen die Eheleute in der Regel aus einem weitgehend identischen sozialen Feld und hatten daher von vorneherein eine relativ große Übereinstimmung in Werthaltungen, Bildungshorizont und Lebenserwartungen. Dazu gehörte nicht zuletzt, dass die zentrale Funktion der (monogamen) Ehe aus der Gründung einer Familie mit dem Fortleben in nachfolgenden Generationen einschließlich deren größtmöglicher finanzieller Absicherung bestand. Diese eingeführte und weitgehend unproblematisierte institutionelle Struktur war in der Lage, nicht nur ökonomische, sondern vor allem auch psychische (kognitive wie emotionale) Sicherheit zu geben. Mit der Fortentwicklung der Gesellschaft in Richtung auf Durchlässigkeit der Ebenen, auf Gleichberechtigung der Mitglieder im politischen und personal-individuellen Raum hat sich diese scheinbar naturgegebene Sicherheit zumindest zum Teil aufgelöst. Das Festhalten an dem in der modernen – offenen und pluralistischen – Gesellschaft eigentlich unpassenden Monogamie-Modell ist daher in erster Linie der Abwehr von existenzieller Unsicherheit geschuldet.

Aus dieser Abwehrhaltung entspringen dann die aufgezeigten ideologischen Verrenkungen, um das Monogamie-Modell auch in der heutigen Gesellschaftsstruktur aufrechtzuerhalten. Dazu gehört an erster Stelle die Norm der sexuellen Treue mit dem zugrundeliegenden Axiom, dass der Mensch nur *einen* anderen Menschen lieben könne. Hier wird eine Norm als Tatsache ausgegeben, ein typisches Merkmal ideologischen Denkens – zumal wenn diese ‚Tatsache‘ auch noch nachweislich empirisch falsch ist. Zur Kaschierung dieses Makels dient die Einführung des Konzepts der ‚romantischen Liebe': als Ersatz für die (lebenslange) Stabilität gesellschaftlicher Schichtung. Dass damit die Möglichkeiten einer Emotion, so sehr sie auch als existenzielle empfunden wird, heillos überzogen werden, wird nun ihrerseits durch Rückgriff auf eine gängige, wenn auch problematische Grundhaltung der kapitalistischen Gesellschaftsstruktur verschleiert: das Besitzstreben. Die sexuelle Treue als zentraler Kern des Monogamie-Modells lässt sich, wie gezeigt, als inadäquate Haltung des Habens (sensu Fromm) dekuvrieren; eine Haltung, die auf jeden Fall gegenüber Personen/Menschen nicht zu rechtfertigen ist, zumal in einer so extrem Verengung auf die körperliche Dimension von dyadischen Beziehungen. Die Verteidigung des Monogamie-Modells in unserer pluralistischen, demokratischen Gesellschaft führt also zu einer reduktionistischen, verzerrten Anthropologie, in der Normen mit inkohärenten und empirisch unzutreffenden Argumenten gerechtfertigt werden. Diese Mängel rechtfertigen es, die reduktionistische, verzerrte Anthropologie des Monogamie-Modells als überholte Ideologie zu kritisieren. Komplementär folgt daraus aber vor allem, dass die Entwicklung einer umfassenden, unverzerrten Anthropologie von Liebes-Beziehungen auf einer realistischen Beschreibung der menschlichen Beziehungsmöglichkeiten beruhen und eine in sich kohärente Explikation von Werten und Zielen umfassen muss, die mit dem Diskurs des gesamtgesellschaftlichen Fortschritts in Übereinstimmung steht. Das ist genau der Impetus als Fortsetzung der Aufklärung, der mit dem ‚Projekt der Moderne' (sensu Habermas) gemeint ist. Die möglichst umfassende, unverzerrte Anthropologie einer emotionalen Beziehungsvielfalt markiert also auch und gerade (wichtige) praktische Schritte im Projekt der Moderne.

Wie so häufig erweist sich dabei die Praxis als durchaus schwierig, auch wenn die Theorie in sich klar und stringent formuliert vorliegt. Verzerrungen in der Anthropologie des Liebens aufzulösen, mag auf den ersten Blick leicht, weil befreiend erscheinen. Aber in einer Welt, die an Verzerrungen gewöhnt ist, sieht das Unverzerrte wie eine verzerrende Komplikation aus. Das betrifft bei der emotionalen Beziehungsvielfalt auf jeden Fall den letzten Schritt der Verzerrungsideologie, das Besitzstreben der sexuellen Treue. Wer ein Leben lang in der Sozialisation gelernt hat, Eifersucht als quasi natürliche Reaktion und sogar Liebesbeweis zu sehen, tut sich extrem schwer, sie zu überwinden. Wobei in der ‚Alltagskultur' bekanntlicher Weise vor allem Frauen als ‚Objekte' für den (männlichen) Besitzanspruch vorkommen. Ein ‚schönes Beispiel' bietet der Schlager ‚Dich gibt's nur einmal für mich' mit dem einprägsamen Satz ‚Schon der Gedanke, dass ich dich einmal verlieren könnt, dass dich ein anderer Mann einmal sein eigen nennt ...' Wie also kann man gegen die Dynamik einer solchen Sozialisation als (ersten) praktischen Schritt die Eifersucht überwinden? Der (logisch) einfachste Ansatzpunkt liegt sicher in der Goldenen Regel: ‚Was du nicht willst, dass man dir tue ...' – denn wer will schon gern besessen werden? Aber dadurch ist höchstens die (partielle) Vermeidung negativer Emotionen möglich, wodurch jedoch eine stabile Verhaltensänderung nur schwer zu erreichen ist. Besser sind positive Emotionen, zum Beispiel in der Konzentration darauf, dass man die geliebte Person glücklich sehen will – und wenn ihr Glück derzeit in einer anderen Beziehung liegt, dann ist es eine Form von Zärtlichkeit, dieses Glück auch zu wollen. In dieser Form von, wie ich es nennen möchte, Metazärtlichkeit bleibt man dem anderen nah, weil er/sie nicht das Gefühl hat, sich irgendwie zu entfernen. Eigenständige Privatheit auch in der Form von Beziehungsvielfalt muss auf diese Weise nicht zu Näheverlust führen.

Allerdings sollte man dafür naheliegende Fehler vermeiden, die man durchaus anhand der vorhandenen Historie unkonventioneller Beziehungsbiographien identifizieren kann. Vielfältig offene Beziehungen müssen zwar selbstverständlich auch für alle Beteiligten offen im Sinne von nicht geheim sein; doch das sollte nicht in explizite Schilderungen konkreter Interaktionen ausarten, wie man aus dem überzogenen Beispiel von Beauvoir und Sartre ersehen kann. Im Gegenteil: Die zugestandene Privatheit von Beziehungen mit verschiedenen Personen sollte je nach deren Umfang und Tiefe ein eigenes Bedeutungsuniversum aufbauen. Das reicht von Orten, die für die Beziehungsgeschichte entscheidend waren, über Musikstücke etc. bis zu privatsprachlichen Ausdrücken, nicht nur, aber gerade auch für den Bereich der sinnlich-sexuellen Attraktion und Interaktion. Wenn auf diese Weise die Beziehungswelten auf der Bedeutungsdimension getrennt bleiben, behält jede Beziehung ihren eigenen Horizont, ohne in Konkurrenz mit anderen Beziehungen zu treten. Soweit es einen legitimen und konstruktiven Ansatzpunkt für Besitzwünsche gibt, dann liegt er in der Bedeutungsebene. Menschen kann man nicht besitzen, Bedeutungen allerdings schon, insbesondere wenn es geteilte, gemeinsam geschaffene sind. Im Aufbau einer gemeinsamen Bedeutungswelt und -geschichte liegt sicherlich ein Geheimnis für emotionale Beziehungsvielfalt ohne schmerzende Eifersucht und ohne gegenseitige Verletzungen. Wegen der unverzichtbaren Relevanz von Sprache für solchen Bedeutungsaufbau entsteht dadurch ganz nebenbei auch noch eine weitere Dynamik von Gleichberechtigung: nämlich in Bezug auf das Gewicht des Sprachlichen für die Beziehungskultur, das bisher von der Sozialisation her mehr dem weiblichen Geschlecht vorbehalten scheint. Und für beide Geschlechter gilt, dass ihre Beziehung/en dadurch ein quasi künstlerisches Moment erhalten. Emotionale Beziehungsvielfalt führt bei konstruktiver Ausgestaltung zu Interaktionskunst, bedeutet letztlich eine Art von Lebenskunst.

Ausschließlichkeitsthese und Sicherheitsversprechen des Konzepts ‚romantische Liebe' sind allerdings nicht zuletzt deshalb so erfolgreich, weil sie zumindest am Anfang einer Liebesbeziehung der Stärke des emotionalen Erlebens entsprechen. Intensität und Extensität dieses Erlebens fühlen sich an, als ob man durch das Gegenüber vollständig und allezeit ausgefüllt werden kann. Erst im Laufe der Zeit wird deutlich, dass es bei aller Übereinstimmung auch darüber hinausgehende Interessen und Bedürfnisse gibt, ja geben muss, um eine eigenständige Personalität zu wahren. Interessen und Bedürfnisse, die sich auch in anderen Beziehungen manifestieren. Dabei bleibt es grundsätzlich offen, welche der Beziehungen am Ende den höchsten Grad an gegenseitiger Ausfüllung erreicht. Das Bewusstsein dieser Offenheit bildet auf individueller Ebene die Unsicherheit ab, die auf überindividueller Ebene unvermeidbar mit der offenen, pluralistischen Gesellschaftsstruktur verbunden ist. Das Monogamie-Modell leugnet diese Unsicherheit und ist ihr gerade deswegen schutzlos ausgeliefert. Das Konzept der (erotischen) Beziehungsvielfalt stellt sich dieser Unsicherheit und erfordert daher unvermeidbar Unsicherheitstoleranz. Eine Toleranz, die in anderen Lebensbereichen längst akzeptiert ist, so z. B. in Bezug auf die Veränderungen der Berufsqualifikation, auch innerhalb der individuellen Lebensspanne; und hinsichtlich politischer Umbrüche sowieso. Allerdings ist Unsicherheitstoleranz im Bereich der dyadischen (Liebes-)Beziehungen sicherlich besonders schwer aufzubringen. Aber sie kann (und soll), wie gezeigt, als Motivation für ein dauerhaftes Bemühen um die Beziehungssubstanz genutzt werden. Dieses Bemühen ist eben das einzig realistische Sicherheitsversprechen. Mit einem solchen Bemühen wird auch die lebenshistorische Konstanz einer Beziehung im gleichzeitigen Kontext anderer Beziehungen sehr wohl möglich. Das ist dann die Modellvariante von Beziehungsvielfalt mit einer zentralen und der einen oder anderen eher nachgeordneten Beziehung. Weil in einer potenziellen Übergangsphase vom Modell der Monogamie zu dem der Beziehungsvielfalt diese Variante als Reformschritt am nächsten liegt, bin ich bei der Darstellung, wie sich emotionale Beziehungsvielfalt psychologisch bewältigen und realisieren lässt, implizit erst einmal von diesem Reformschritt ausgegangen. Aber selbstverständlich lassen Komplexität und Unsicherheit der offenen, pluralistischen Gesellschaft auch andere Realisierungsvarianten von Beziehungsvielfalt zu bzw. machen sie eventuell sogar wahrscheinlicher. Dazu gehört in erster Linie die Möglichkeit, dass sich im Laufe der Beziehungsgeschichte die Zentralität von einer auf eine andere Beziehung verschiebt. Wenn man in zunächst nachgeordneten Beziehungen genauso die existenzielle Ernsthaftigkeit von metaphorischer Sinnlichkeit und fürsorglicher Handlungsbereitschaft realisiert, kann sich natürlich eine ‚jüngere' (nachgeordnete) Beziehung zentraler entwickeln als eine ‚ältere' (vorgeordnete). Das wäre dann die Variante einer Sequenz von verschiedenen (personalen) Beziehungszentren, die jedoch unweigerlich die Frage aufruft, was denn hier der Unterschied zur kritisierten sequenziellen Monogamie sein soll. Nun, die Antwort liegt m. E. auf der Hand. Bei der seriellen Monogamie bricht eine lebenslang gedachte Existenz zusammen, was mit entsprechenden Enttäuschungen und Verletzungen verbunden ist. Eine Sequenz von Zentralitätsverschiebungen innerhalb von Beziehungsvielfalt hat eine ungleich größere Chance auf konstruktive psychische Bewältigung. Weil solche Verschiebungen von vornherein als Möglichkeit mitgedacht werden, gilt das vor allem auch für die nachfolgende Generation. Fürsorgliches Compathie-Denken und Fühlen müssen sich als moralische Verpflichtung vor allem (so vorhanden) auch auf das Wohl der Kinder beziehen. Welche Varianten von gerade auch fürsorglicher Beziehungsvielfalt unter Einbeziehung des Kindeswohls möglich und anzustreben sind, ist jetzt sicherlich noch gar nicht abzusehen und eine Frage der Weiterentwicklung des Vielfalt-Modells. Das umfasst auf lange Sicht unbedingt genauso die Konsequenz, dass entsprechende adäquate Regelungen im Rechtssystem unserer Gesellschaft geschaffen werden (müssen). Und diese Konsequenz steht in völliger Übereinstimmung mit der Idee vom Projekt der Moderne: weil der Aufklärungsimpetus zur Veränderung auf allen Gesellschaftsebenen führen soll, vom individuellen Handeln bis zu den rechtlichen Institutionen. Die Utopie der erotischen Beziehungsvielfalt markiert hier nur einen Ausgangspunkt, den es in Verbindung von Denken, Fühlen und Handeln auszuarbeiten gilt!

Literatur – Argumente

E. Fromm (1956). *Die Kunst des Liebens.* Stuttgart: Deutsche Verlags-Anstalt

Th. F. Krauß (2009). *Liebe über alles. Alles über Liebe. Ein aktueller Versuch über die ‚Kunst des Liebens'.* Gießen: Psychosozial-Verlag

N. O'Neill & G. O'Neill (1975): *Die offene Ehe. Konzept für einen neuen Typus der Monogamie.* Reinbek: Rowohlt

O. Paz (1995). *Die doppelte Flamme. Liebe und Erotik.* Frankfurt: Suhrkamp

E. Perel (2006). *Wild Life. Die Rückkehr der Erotik in die Liebe.* München/Zürich: Piper

H. Schlaffer (2011): *Die intellektuelle Ehe. Der Plan vom Leben als Paar.* München: Hanser

O. Schott (2010). *Lob der offenen Beziehung. Über Liebe, Sex, Vernunft und Glück.* Berlin: Bertz & Fischer

Th. Schroedter & Chr. Vetter (2010). *Polyamory. Eine Erinnerung.* Stuttgart: Schmetterling-Verlag

Literatur – Biographien

S. Amrain (1994). *So geheim und vertraut. Virginia Wolf und Vita Sackville-West.* Frankfurt: Suhrkamp

E. Barillé (1992). *Maskierte Venus. Das Leben der Anais Nin.* München: Knaus

Qu. Bell (1982). *Virginia Woolf. Eine Biographie.* Frankfurt: Suhrkamp

F. Brown (1980). *Ein Skandal fürs Leben. Jean Cocteau – seine Kunst, seine Männer, seine Frauen, seine Zeit.* Bern/München: Scherz

F. Brown (1985). *Jean Cocteau. Eine Biographie.* Frankfurt: Fischer

J. Cocteau (1988). *Das Berufsgeheimnis. Kritische Poesie I.* Frankfurt: Fischer

J. Cocteau (1988). *Opium. Kritische Poesie II.* Frankfurt: Fischer

J. Cocteau (1989). *Briefe an Jean Marais.* Hamburg: Lambda Edition

J. Cocteau (2003). *Orphée.* Paris: Librio

L. DeSalvo & M. A. Leaska (Hrsg.) (1985). *‚Geliebtes Wesen …' Briefe von Vita Sackville-West an Virginia Woolf.* Frankfurt: Fischer

N. R. Fitch (1997). *Anais. Das erotische Leben der Anais Nin.* München: Piper

A. Fraigneau (1961). *Jean Cocteau.* Reinbek: Rowohlt

T. Gaehme (1996). *Dem Traum folgen. Das Leben der Schauspielerin Carola Neher und ihre Liebe zu Klabund.* Köln: Dittrich

V. Glendinning (1997). *Vita Sackville-West. Eine Biographie.* Frankfurt: Fischer

C. Goll (1960). *Klage um Ivan.* Wiesbaden: Limes

C. Goll (1969). *Memoiren eines Spatzen des Jahrhunderts.* Wiesbaden: Limes

C. Goll (1971). *Traumtänzerin. Jahre der Jugend.* München: List

C. Goll (1980). *Ich verzeihe keinem. Eine literarische Chronique scandaleuse unserer Zeit.* München: Knaur

C. Goll & Y. Goll (1981). *Meiner Seele Töne.* München: Knaur

Y. Goll & C. Goll (2009). ‚*Ich liege mit deinen Träumen' Liebesgedichte.* Göttingen: Wallstein

D. Gronau (1993). *Anais Nin. Erotik und Poesie.* München: Heyne

G. von Kaulla (1984). ‚*Und verbrenn' in seinem Herzen'. Die Schauspielerin Carola Neher und Klabund.* Freiburg: Herder

B. L. Knapp (1989). *Jean Cocteau. Die Lebensgeschichte eines Universalgenies.* München: Heyne

J. Marais (1975). *Spiegel meiner Erinnerung.* München: Kindler

J. Martin (1980). *Henry Miller. Die Liebe zum Leben. Eine Biographie.* Düsseldorf: Claasen

A. Maurois (1977). *Das Leben der George Sand.* München: List

Chr. Nettersheim (2012). *Berühmte Paare der Weltgeschichte.* München: Bucher

N. Nicolson (1973). *Portrait einer Ehe. Harold Nicolson und Vita Sackville-West.* München: Kindler

A. Nin (1978). *Das Delta der Venus.* Bern/München: Scherz

A. Nin (1984). *Haus des Inzests.* München: Nymphenburger

A. Nin (1991). *Henry, June und ich. Intimes Tagebuch.* München: Knaur

A. Philipe (1964). *Nur einen Seufzer lang.* Reinbek: Rowohlt

A. Philipe (1968). *Morgenstunden des Lebens.* Reinbek: Rowohlt

A. Philipe (1986). *Ich höre dich atmen.* Reinbek: Rowohlt

J. Rosteck (2005). *Zwei auf einer Insel. Lotte Lenya und Kurt Weil.* Frankfurt: Suhrkamp

G. Sadoul (1962). *Gérard Philipe.* Berlin: Henschelverlag

L. Salber (1992). *Anais Nin.* Reinbek: Rowohlt

L. Salber (1996). *Tausendundeine Frau. Die Geschichte der Anais Nin.* Reinbek: Rowohlt

G. Sand (1984). *Lélia.* München: Insel

J. Schebera (2000). *Kurt Weill.* Reinbek: Rowohlt

G. Schlientz (1987). *George Sand. Leben und Werk in Texten und Bildern.* Frankfurt: Insel

W. Schmiele (1980). *Henry Miller.* Reinbek: Rowohlt

Th. Schröder (Hrsg.) (1989). *Berühmte Liebespaare.* Frankfurt: Insel

D. Spoto (1990). *Die Seeräuber-Jenny. Das bewegte Leben der Lotte Lenya.* München: Droemer Knaur

L. Symonette & K. H. Kowalke (Hrsg.) (1998). *Sprich leise wenn du Liebe sagst. Der Briefwechsel Kurt Weil/Lotte Lenya.* Köln: Kiepenheuer & Witsch

K. Wafner (2003). *Ich bin Klabund. Macht Gebrauch davon!* Frankfurt: Edition AV

W. Waldmann (1983). *Virginia Wolf.* Reinbek: Rowohlt

M. Wegner (1998). *Klabund und Carola Neher. Eine Geschichte von Liebe und Tod.* Reinbek: Rowohlt

V. Woolf (1977). *Orlando. Eine Biographie.* Frankfurt: Fischer

FSC
www.fsc.org
MIX
Papier | Fördert
gute Waldnutzung
FSC® C083411